中学基礎がため100%

できた！中学国語

文法

KUMON

本書の特長と使い方

中学国語　文法

▼「文法」「読解」「漢字」の3冊構成なので、目的に応じた学習ができます。

本シリーズは、十分な学習量による繰《く》り返し学習を大切にしているので、「文法」「読解」「漢字」の3冊構成となっています。

「文法」は、学年に関係なく自分のペースで進められますので、他シリーズとあわせて毎日の予習・復習にお使いいただけます。

また、中学国語・文法のまとめとして受験準備用にも役立ちます。

本書の構成と使い方

本書の構成は、力をつけるトレーニング部分が中心になっています。力試《ちからだめ》しとして、各章の終わりと巻末にテストがあります。一回分は見開き二ページまたは四ページです。

❶「確認《かくにん》」を読んで文法事項《じこう》を理解

新しい課題ごとに「確認」コーナーがもうけられています。よく読んで文法事項を理解しましょう。

❷ 練習問題でトレーニング

「確認」コーナーでおさえた文法事項の練習問題に取り組みます。わからないときは「確認」に戻《もど》って考えてみましょう。

確認

新しい内容がスタートするところです。問題を解く前に読むだけではなく問題を解いているときにも必要に応じて参考にしましょう。

▼P5

その文法事項を取り扱《あつか》っているページを示しています。

まとめのテスト

各章の終わりに「テスト」があります。力試しとして取り組みましょう。

総合テスト

巻末にある「総合テスト」では、過去の入試問題などに挑戦《ちょうせん》します。

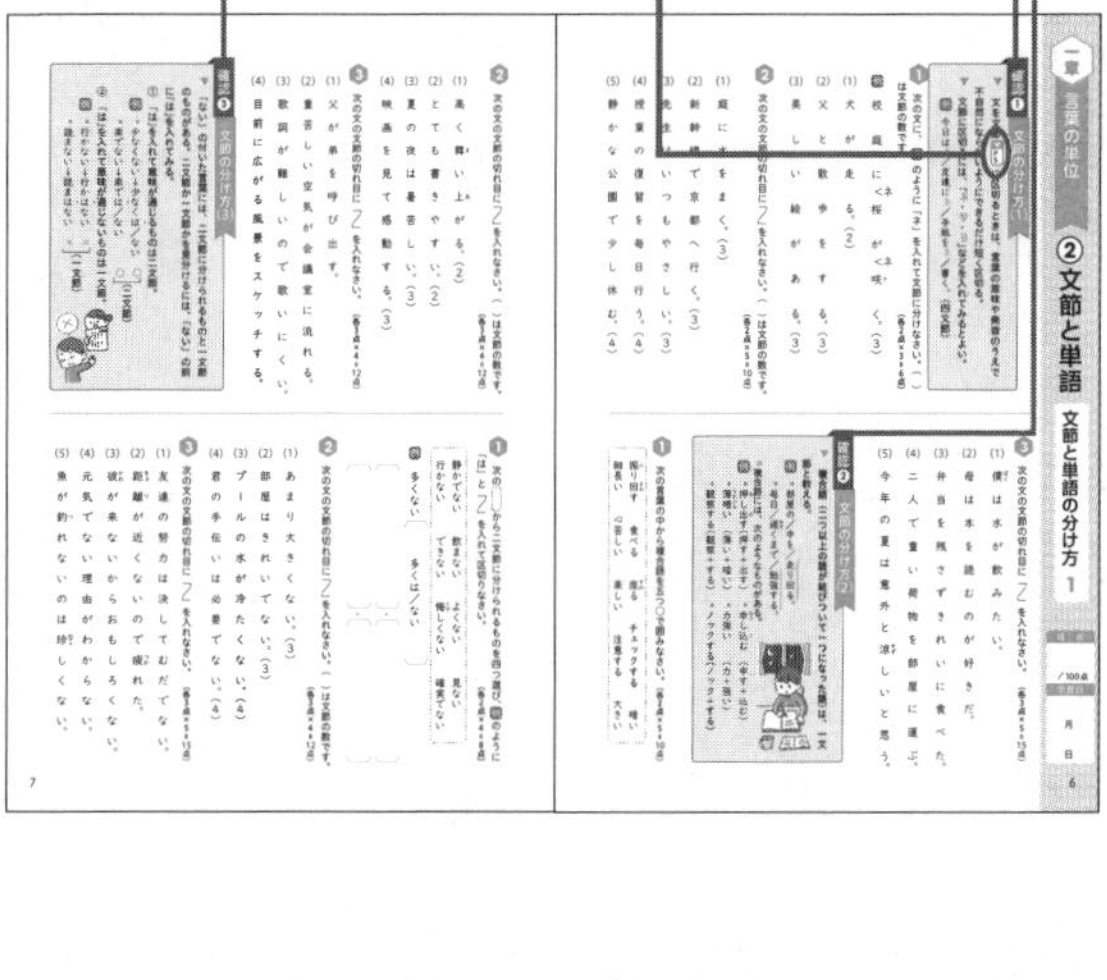

※一部文学作品の文字表記に関して、学校における文字教育と相違《そうい》が大きくならないよう配慮《はいりょ》し、送りがなや、かなづかいなどの表記がえを行っているものもあります。

※解答書は、本書のうしろにのり付けされています。引っぱると別冊になります。解答書と答え合わせをして、まちがえたところは「解説」のところをよく読んで直しましょう。

中学国語 文法 もくじ

「教科書との内容対応表」から、自分の教科書の部分を切りとってここにはりつけ、勉強をするときのページ合わせに活用してください。

① 言葉の単位

文章・段落・文／文節・単語

得点 ／100点
学習日 月 日

確認① 文章・段落・文

▼文章・談話…全体としてあるまとまった内容を表す最も大きな言葉の単位。書き言葉が文章、話し言葉が談話。

▼段落…文章の中で内容的にひとまとまりになっている部分。段落の初めは行を改め、一字下げて書き始める。

▼文…「。」（句点）によって区切られたまとまりの一つ一つ。

例 机の上に本がある。

＊文は、ふつう句点で区切るが、「？」（疑問符《ぎもんふ》）や「！」（感嘆符《かんたんふ》）で区切ることもある。

例 ・調子はいかがですか？ ・今日も頑張《がんば》るぞ！

1 次の㋐～㋒の〔 〕に、文章・段落・文のうち、あてはまるものを書き入れなさい。（各4点×3＝12点）

チームや団体の中において、自分には何ができるのかを常に考えてみてはどうだろうか。個性も大事だけれど、団体に貢献《こうけん》するのもかっこうの悪いことではない。

もし、チームのメンバーそれぞれが自分中心に動き回ってしまったら、全体としてのパワーは落ちてしまうはずだ。チームというのは、一人の力ではできないことに挑《ちょう》戦《せん》するからこそ組むものではないか。

たとえ主役でなくてもいい。力を合わせて何かを成《な》し遂《と》げた喜びは格別なものだと思う。

㋐〔 〕 ㋑〔 〕 ㋒〔 〕

2 次の文章を読んで、あとの問いに答えなさい。（各4点×6＝24点）

最近の日本語の変化として「見れる」「着れる」などの、「ら抜《ぬ》き言葉」が取り上げられることが多い。しかし、私にはもっと気になる言葉がある。

それは「すごい」という言葉である。人々の会話の中にひんぱんにこの言葉が登場しているように感じる。

例えば、美しい景色を見て発する最初の言葉は、たいてい「すごーい」ではないだろうか。言った本人とて、その人なりの感じ方をし、心の内では複雑な感情が湧《わ》き起《お》こっているはずである。いろいろな意味のこもった「すごい」なのだろう。

しかし、聞いている側からすると、何がどのように「すごい」のかがいま一つ伝わってこないように思う。

(1) 右の文章は、いくつの段落からできていますか。各段落の初めの三字を書きぬき、段落の数を漢数字で答えなさい。

段落の初め 〔 〕・〔 〕・〔 〕・〔 〕

数 〔 〕つ

(2) 右の文章は、全部でいくつの文からできていますか。文の数を漢数字で答えなさい。

〔 〕つ

確認❷ 文節・単語

▼文は、さらに文節に、文節は単語に分けることができる。

① 文節…文の中で、不自然にならない程度に短く区切ったひとまとまり。

例 机の／上に／本が／ある。（／が文節の切れ目）

② 単語…文節をさらに細かく区切った、一つ一つの言葉。意味や働きのうえで、それ以上細かく分けることのできない言葉の最小単位である。

例 机／の／上／に／本／が／ある。（／が単語の切れ目）

1 言葉の単位を大きいほうから順に並べます。（　）にあてはまる言葉を書き入れなさい。（各4点×3＝12点）

・文章－段落－（　　）－（　　）－（　　）

2 次の□で囲まれた一つ一つのまとまりは、文・文節・単語のうちのどれにあたりますか。（各4点×3＝12点）

(1) ［庭に花が咲《さ》く。］

(2) ［庭に］［花が］［咲く。］

(3) ［庭］［に］［花］［が］［咲く。］

(1)（　　）

(2)（　　）

(3)（　　）

3 次のA・Bは、文を **ア**文節、**イ**単語 のうちのどちらに分けたものですか。記号で答えなさい。（各4点×10＝40点）

(1) 私は図書館で本を借りる。

A 私は／図書館で／本を／借りる。

B 私／は／図書館／で／本／を／借りる。

(2) 友達と公園のベンチに座《すわ》る。

A 友達／と／公園／の／ベンチ／に／座る。

B 友達と／公園の／ベンチに／座る。

(3) 書店で大きなカレンダーを買う。

A 書店／で／大きな／カレンダー／を／買う。

B 書店で／大きな／カレンダーを／買う。

(4) 夕食のおかずをたくさん作る。

A 夕食／の／おかず／を／たくさん／作る。

B 夕食の／おかずを／たくさん／作る。

(5) 母がいつもより早く起きる。

A 母が／いつもより／早く／起きる。

B 母／が／いつも／より／早く／起きる。

(1) A（　　）B（　　）
(2) A（　　）B（　　）
(3) A（　　）B（　　）
(4) A（　　）B（　　）
(5) A（　　）B（　　）

② 文節と単語

文節と単語の分け方 1

得点 ／100点
学習日 月 日

確認① 文節の分け方(1)

▼文を文節 ▼P5 に区切るときは、言葉の意味や発音のうえで不自然にならないようにできるだけ短く区切る。

▼文節に区切るには、「ネ・サ・ヨ」などを入れてみるとよい。

例 今日はネ／友達にネ／手紙をネ／書く。（四文節）

1 次の文に、例のように「ネ」を入れて文節に分けなさい。（ ）は文節の数です。（各2点×3＝6点）

例 校庭に<ネ 桜が<ネ 咲《さ》く。（3）

(1) 犬が走る。（2）

(2) 父と散歩をする。（3）

(3) 美しい絵がある。（3）

2 次の文の文節の切れ目に「／」を入れなさい。（ ）は文節の数です。（各2点×5＝10点）

(1) 庭に水をまく。（3）

(2) 新幹線で京都へ行く。（3）

(3) 先生はいつもやさしい。（3）

(4) 授業の復習を毎日行う。（4）

(5) 静かな公園で少し休む。（4）

3 次の文の文節の切れ目に「／」を入れなさい。（各3点×5＝15点）

(1) 僕《ぼく》は水が飲みたい。

(2) 母は本を読むのが好きだ。

(3) 弁当を残さずきれいに食べた。

(4) 二人で重い荷物を部屋に運ぶ。

(5) 今年の夏は意外と涼《すず》しいと思う。

確認② 文節の分け方(2)

▼複合語（二つ以上の語が結びついて一つになった語）は、一文節と数える。

例 ・部屋の／中を／走り回る。 ・毎日／遅《おそ》くまで／勉強する。

＊複合語には、次のようなものがある。

例 ・押《お》し出《だ》す（押す＋出す） ・申《もう》し込《こ》む（申す＋込む）
・薄暗《うすぐら》い（薄い＋暗い） ・力強い（力＋強い）
・観察する（観察＋する） ・ノックする（ノック＋する）

1 次の言葉の中から複合語を五つ○で囲みなさい。（各2点×5＝10点）

振《ふ》り回《まわ》す　食べる　座《すわ》る　チェックする　暗い
細長い　心苦しい　楽しい　注意する　大きい

2 次の文の文節の切れ目に「／」を入れなさい。（　）は文節の数です。（各3点×4＝12点）

(1) 高く舞《ま》い上《あ》がる。(2)

(2) とても書きやすい。(2)

(3) 夏の夜は暑苦しい。(3)

(4) 映画を見て感動する。(3)

3 次の文の文節の切れ目に「／」を入れなさい。（各3点×4＝12点）

(1) 父が弟を呼び出す。

(2) 重苦しい空気が会議室に流れる。

(3) 歌詞が難しいので歌いにくい。

(4) 目前に広がる風景をスケッチする。

確認❸ 文節の分け方(3)

▼「ない」の付いた言葉には、二文節に分けられるものと一文節のものがある。二文節か一文節かを見分けるには、「ない」の前に「は」を入れてみる。

① 「は」を入れて意味が通じるものは二文節。

例
- 少なくない→少なくは／ない ○
- 楽でない→楽では／ない ○
（二文節）

② 「は」を入れて意味が通じないものは一文節。

例
- 行かない→行かはない ×
- 読まない→読まはない ×
（一文節）

---

1 次の［　］から二文節に分けられるものを四つ選び、例のように「は」と「／」を入れて区切りなさい。（各2点×4＝8点）

静かでない　飲まない　よくない　見ない
行かない　できない　悔《くや》しくない　確実でない

例 多くない → 多くは／ない

［　　　　］・［　　　　］
［　　　　］・［　　　　］

2 次の文の文節の切れ目に「／」を入れなさい。（　）は文節の数です。（各3点×4＝12点）

(1) あまり大きくない。(3)

(2) 部屋はきれいでない。(3)

(3) プールの水が冷たくない。(4)

(4) 君の手伝いは必要でない。(4)

3 次の文の文節の切れ目に「／」を入れなさい。（各3点×5＝15点）

(1) 友達の努力は決してむだでない。

(2) 距《きょ》離《り》が近くないので疲《つか》れた。

(3) 彼《かれ》が来ないからおもしろくない。

(4) 元気でない理由がわからない。

(5) 魚が釣《つ》れないのは珍《めずら》しくない。

② 文節と単語

文節と単語の分け方 2

得点 ／100点
学習日 月 日

確認① 文節の分け方(4)

▼「〜て〜」「〜で〜」の形の言葉は二文節に分ける。
例 行って／くる　聞いて／みる　読んで／もらう
＊この他、「〜て(で)しまう」「〜て(で)おく」「〜て(で)やる」「〜て(で)いる」「〜て(で)いく」などがある。

1 次の言葉の中で、二文節に分けられるものを五つ○で囲みなさい。(各2点×5＝10点)

帰ってくる　受ける　呼んでみる　拾い上げる　助ける
買っておく　笑っている　走り出す　教えてやる

2 次の文の文節の切れ目に「／」を入れなさい。( )は文節の数です。(各3点×3＝9点)

(1) 道を聞いてみる。(3)
(2) 牛乳を飲んでいる。(3)
(3) 飛んでくるのは鳥だ。(3)

3 次の文の文節の切れ目に「／」を入れなさい。(各4点×4＝16点)

(1) 美容院で髪《かみ》を切ってもらう。
(2) 母が弁当を作ってくれる。
(3) いとこは北海道に住んでいる。
(4) 描《か》きあげた絵を飾《かざ》っておく。

確認② 単語の分け方(1)

▼単語には次の二種類がある。
自立語…それだけで文節を作ることができる単語。また、文節の初めにくることができる単語。(□の単語)
付属語…それだけでは文節を作ることができず、必ず自立語のあとに付いて意味を付け加える単語。(○の単語)
例 池／で／大きな／魚／が／泳ぐ。
＊「大きな」「泳ぐ」はそれだけで文節を作っている自立語。「池」「魚」は文節の初めにある自立語。「で」「が」は、自立語のあとに付いて意味を付け加えている付属語。

次の文の単語を、A自立語、B付属語 に分けて書きなさい。(各3点×5＝15点)

〈近所／の／図書館／に／行く。〉
A〔自立語〕〔　　〕・〔　　〕・〔　　〕
B〔付属語〕〔　　〕・〔　　〕

確認③ 単語の分け方(2)

▼文を単語に分けるときは、次の順序で行うとよい。
① まず、文を文節に分ける。
例 公園の／池で／魚が／泳ぐ。
② 自立語(□の単語)と付属語(○の単語)に分ける。
例 公園／の／池／で／魚／が／泳ぐ。

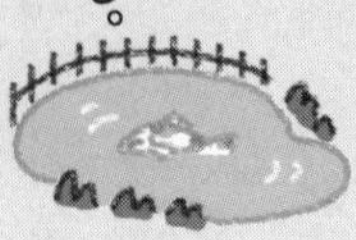

1 次の文の単語の切れ目に「／」を入れなさい。（　）は単語の数です。（各3点×4＝12点）

(1) 空が明るい。（3）

(2) バスから降りる。（3）

(3) 数学の問題を解く。（5）

(4) 玄関《げんかん》でコートを脱《ぬ》ぐ。（5）

2 次の文の単語の切れ目に「／」を入れなさい。（　）は単語の数です。（各3点×4＝12点）

(1) 定規で線の長さを測る。（7）

(2) 僕《ぼく》はいつも同じ時間に起きる。（7）

(3) 星がきらきらと光を放つ。（6）

(4) 赤ちゃんの手はとてもかわいい。（6）

確認❹ 単語の分け方(3)

▼**複合語** ▼P6 **は、一文節一単語と数える。**

例
- 持ち帰る → 一文節／一単語
- 修理する → 一文節／一単語

次のア・イのうち、一単語であるほうに○をつけなさい。（各2点×4＝8点）

(1) ア（　）持ち帰る　イ（　）荷物をもつ

(2) ア（　）経験する　イ（　）経験をする

(3) ア（　）運転をする　イ（　）運転する

(4) ア（　）走り去る　イ（　）道路を走る

確認❺ 単語の分け方(4)

▼**「〜て（で）〜」の形の言葉は、「〜／て（で）／〜」のように単語に分ける。**

例
- 書いておく → 二文節／三単語
- 買ってみる → 二文節／三単語

1 次の言葉を「／」で三つの単語に分けなさい。（各3点×3＝9点）

(1) 乗せてあげる

(2) 変わっていく

(3) 読んでもらう

2 次の文を「／」で単語に分けなさい。（　）は単語の数です。（各3点×3＝9点）

(1) 弟に竹とんぼを作ってやる。（7）

(2) 合格を目標に頑《がん》張《ば》ってみる。（7）

(3) 世界の人口が増え続けている。（7）

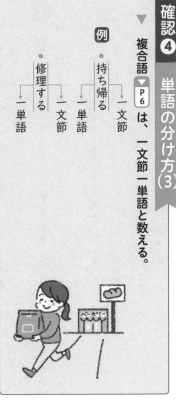

テスト

1 次の各組から文節と単語に正しく分けられているものをそれぞれ選び、記号で答えなさい。（各3点×6＝18点）

(1)
ア 今日のできごとを／日記に記す。
イ 今日の／できごとを／日記に／記す。
ウ 今日／の／できごと／を／日記／に／記す。
エ 今日／の／でき／ごと／を／日記／に／記す。
オ 今／日／の／でき／ごと／を／日／記／に／記す。

(2)
ア 赤い屋根に／小鳥が／とまっている。
イ 赤い／屋根に／小鳥が／とまっている。
ウ 赤い／屋根に／小鳥が／とまって／いる。
エ 赤い／屋根／に／小鳥／が／とまって／いる。
オ 赤い／屋根／に／小鳥／が／とまっ／て／いる。

(3)
ア 妹は／本を読むことが／好きだ。
イ 妹は／本を／読むことが／好きだ。
ウ 妹は／本を／読む／ことが／好きだ。
エ 妹／は／本／を／読む／こと／が／好きだ。
オ 妹／は／本／を／読／む／こと／が／好きだ。

(1) 文節 [　　] 単語 [　　]
(2) 文節 [　　] 単語 [　　]
(3) 文節 [　　] 単語 [　　]

2 次の文の文節と単語の切れ目にそれぞれ「／」を入れなさい。（各4点＝×12＝48点）

(1)
（文節）暑いから帽《ぼう》子《し》をかぶる。
（単語）暑いから帽子をかぶる。

(2)
（文節）子供がプールへ飛び込《こ》む。
（単語）子供がプールへ飛び込む。

(3)
（文節）僕《ぼく》の絵を見てもらう。
（単語）僕の絵を見てもらう。

(4)
（文節）庭に赤い花が咲《さ》く。
（単語）庭に赤い花が咲く。

(5)
（文節）数学のテストの勉強をする。
（単語）数学のテストの勉強をする。

(6)
（文節）遅《おそ》くまで勉強する。
（単語）遅くまで勉強する。

3 次の文章を読んで、あとの問いに答えなさい。（各6点×3＝18点）

春になりました。そして子供が十一人になりました。馬が二疋《にひき》来ました。畑《はたけ》には、草《くさ》や腐った木の葉が、馬の肥《こえ》と一緒《いっしょ》に入りましたので、粟《あわ》や稗《ひえ》はまっさおにのびました。

そして実もよくとれたのです。秋の末のみんなのよろこびようといったらありませんでした。

ところが、ある霜柱《しもばしら》のたったつめたい朝でした。

みんなは、今年も野原をおこして、畑をひろげていましたので、その朝も仕事に出ようとして農具をさがしますと、どこの家《うち》にも山刀《なた》も三本鍬《さんぼんぐわ》も唐鍬《とうぐわ》も一つもありませんでした。

（宮沢賢治《みやざわけんじ》「狼森《オイノもり》と笊森《ざるもり》、盗森《ぬすともり》」）

(1) 右の文章はいくつの段落からできていますか。段落の数を漢数字で答えなさい。

〔　　つ〕

(2) □（「春になりました。……のびました。」）の部分は、いくつの文からできていますか。文の数を漢数字で答えなさい。

〔　　つ〕

(3) ——線部「そして実もよくとれたのです。」の文節の切れ目に「／」を入れなさい。

・そ し て 実 も よ く と れ た の で す 。

4 次の文章を読んで、あとの問いに答えなさい。

＊甲府《こうふ》から帰って来ると、やはり、呼吸ができないⓐくらいにひどく肩《かた》が凝《こ》っているのを覚えた。

「いいねえ、おばさん。やっぱし＊御坂《みさか》は、いいよ。自分のうちに帰って来たような気さえするのだ。」

夕食後、おかみさんと、娘《むすめ》さんと、交《か》わる交わる、私の肩をたたいてくれる。おかみさんの拳《こぶし》は固く、鋭《するど》い。娘さんのこぶしは柔《やわ》らかく、あまり効きめがⓑない。もっと強く、もっと強くと私に言われて、娘さんは薪《まき》を持ち出し、それでもって私の肩をとんとん叩《たた》いた。それ程《ほど》にしてもらわⓒなければ、肩の凝りがとれⓓないほど、私は甲府で緊張《きんちょう》し、一心に努めたのである。

（太宰治《だざいおさむ》「富嶽百景《ふがくひゃっけい》」）

＊甲府・御坂＝どちらも山梨県の地名。

(1) ——線部「たたいてくれる」の文節と単語の切れ目にそれぞれ「／」を入れなさい。（各5点×2＝10点）

（文節）た た い て く れ る

（単語）た た い て く れ る

(2) 〰線ⓐ〜ⓓのうち、この部分だけで一つの文節となっているものはどれですか。記号で答えなさい。（6点）

〔　　〕

① 文節の関係

主・述の関係

学習内容

▼文節を文中での働きによって分類したものを「文の成分」といい、次の五つがある。
「主語」「述語」「修飾語《しゅうしょくご》」「接続語」「独立語」

▼文の成分である文節どうしの関係には次のようなものがある。

確認① 主・述の関係

▼「何（だれ）が」にあたる文節を「主語」、「どうする・どんなだ・何だ・ある・いる・ない」にあたる文節を「述語」という。

【主語】 【述語】 例

何（だれ）が
- どうする……………鳥が 飛ぶ。
- どんなだ……………字が きれいだ。
- 何だ…………………母は 教師だ。
- ある・いる・ない……本が ある。

▼このような主語と述語の結びつきを「主・述の関係」という。

1 次の文の主語を（　）に、述語を［　］にそれぞれ書きぬきなさい。（各3点×8＝24点）

(1) ピッチャーが投げる。
〈だれが〉（　　）　〈どうする〉［　　］

(2) 夕日が美しい。
〈何が〉（　　）　〈どんなだ〉［　　］

(3) これが有名な作品だ。
〈何が〉（　　）　有名な　〈何だ〉［　　］

(4) 飲み物が冷蔵庫にある。
〈何が〉（　　）　冷蔵庫に　〈ある〉［　　］

2 次の文の主語（――線部）と述語（═══線部）の結びつきは、［　］のどの型にあたりますか。記号で答えなさい。（各3点×4＝12点）

(1) 人が 歩く。 犬が ほえる。　［　　］
(2) 荷物が 軽い。 音が 静かだ。　［　　］
(3) 姉が 長女だ。 父が 社長だ。　［　　］
(4) 木が ある。 牛が いる。　［　　］

ア 何（だれ）が―どうする　イ 何（だれ）が―どんなだ
ウ 何（だれ）が―何だ　エ 何（だれ）が―ある・いる・ない

得点
／100点

学習日
月　日

3 次の文の型にあてはまる文を、[　]から選んで書きなさい。（各4点×4＝16点）

(1) 何（だれ）が――どんなだ
(2) 何（だれ）が――いる
(3) 何（だれ）が――どうする
(4) 何（だれ）が――何だ

弟が泣く。　水が冷たい。
番犬がいる。　これが学校だ。

確認❷ 主語・述語の見つけ方

① 文節に分けて述語を探す。述語は、文末（文の終わり）にあることが多い。

例 公園に　子供たちが　たくさん　集まる。（＝が述語）

② 述語「集まる」に対して、「何（だれ）が集まるのか」を考えて主語を探す。

例 公園に　子供たちが　たくさん　集まる。（―が主語）

＊主語には、「が」だけでなく、「は・も・こそ・さえ」なども付く。

例 カラスは　鳥だ。　君も　仲間だ。
自然こそ　貴重です。　兄さえ　知らない。

1 次の文の＝線部の述語に対する主語を一文節で書きぬきなさい。（各4点×3＝12点）

(1) 洗濯物《せんたくもの》が　ようやく　乾《かわ》く。
(2) 消しゴムは　どこにも　ない。
(3) 彼女《かのじょ》こそ　すばらしい　先生だ。

2 次の文の述語に＝線を引きなさい。また、その述語に対する主語を一文節で書きぬきなさい。（完答各6点×3＝18点）

(1) 山田君も　毎日　三時間　家で　勉強する。
主語
(2) この　地球は　はるか　昔の　時代から　丸い。
主語
(3) 私の　財布《さいふ》の　中に　千円札が　二枚　ある。
主語

3 次の文の主語と述語をそれぞれ一文節で書きぬきなさい。（各3点×6＝18点）

(1) うちの犬は、散歩の時間になると甘《あま》えた声で鳴きます。
主語　述語
(2) このバスケットボール部において、君こそキャプテンに最もふさわしい。
主語　述語
(3) 新聞に書かれている記事の内容は、百パーセント正しいとはいえないがおおむね真実だ。
主語　述語

①文節の関係

修飾・被修飾の関係

確認① 修飾語

▼「どんな」「どのくらい」「いつ」などのように、他の文節の内容を詳《くわ》しく説明することを「修飾《しゅうしょく》する」という。

例
- 広い 部屋が ほしい。（どんな）
- 雨が たくさん 降る。（どのくらい）
- 作業が 五時に 終わる。（いつ）

▼〰線部のように他の文節を修飾する文節を「修飾語」、——線部のように修飾される文節を「被修飾語《ひしゅうしょくご》」という。このような文節の関係を「修飾・被修飾の関係」という。

1 次の〰線部（修飾語）が修飾している言葉（被修飾語）を一文節で書きぬきなさい。（各3点×4＝12点）

(1) 母が おいしい 料理を 作る。
（修飾語）おいしい →（被修飾語）

(2) 生徒が かなり 集まる。
かなり →

(3) 現代は、いろんな 情報が あふれて います。
いろんな →

(4) 僕《ぼく》は 七時に 朝食を とる。
朝食を →

2 次の〰線部（修飾語）が修飾している言葉（被修飾語）を一文節で書きぬきなさい。（各4点×6＝24点）

(1) 美しい 花が 咲《さ》いて いる。

(2) 机の 中から ノートを 出す。

(3) 非常に 低い 気温を 記録した。

(4) 雨の 日は 室内で 練習する。

(5) 今後も 楽しい 人生を 送りたい。

(6) にっこり 笑う 表情が 好きだ。

3 次の——線部（被修飾語）を修飾している言葉（修飾語）を一文節で書きぬきなさい。（各3点×5＝15点）

(1) まぶしい 日差しを 体に 浴びる。

(2) マラソンの 選手が 土手を 走る。

(3) 忘れ物を する 人が とても 少ない。

(4) 鳥の 鳴き声が 外から 聞こえる。 〔　　〕〔　　〕

(5) 将来の 夢は 宇宙に 行く ことだ。 〔　　〕〔　　〕

確認❷ 連体修飾語・連用修飾語

▼修飾語には、連体修飾語《れんたいしゅうしょくご》と連用修飾語の二種類がある。

① 連体修飾語…物の名前や事がらを表す言葉（体言 ▼P32）をふくむ文節を修飾する文節。

② 連用修飾語…動作や状態を表す言葉（用言 ▼P33）をふくむ文節を修飾する文節。

例
- 激しい 雨が 降る。（連体修飾語）
- 雨が 激しく 降る。（連用修飾語）

1 次の～～線部が修飾している言葉を一文節で書きぬきなさい。（各4点×4＝16点）

(1) 庭に 美しい 花が 咲《さ》く。 美しい →〔　　〕

(2) 庭に 花が 美しく 咲く。 美しく →〔　　〕

(3) 静かな 教室で 雨の 音を 静かに 聞く。 静かな →〔　　〕・静かに →〔　　〕

2 次の～～線部の修飾語は、連体修飾語・連用修飾語 のうちのどちらですか。（各3点×5＝15点）

(1) 校庭の 桜〈体言〉は 今が 見ごろだ。 〔　　〕修飾語

(2) 筆で 文字を 上手に 書く〈用言〉。 〔　　〕修飾語

(3) 小さな 猫《ねこ》を 飼って いる。 〔　　〕修飾語

(4) この 写真は とても 美しい。 〔　　〕修飾語

(5) 正直な 気持ちを 打ち明ける。 〔　　〕修飾語

3 次の文から、〔 〕の働きをしている修飾語を一文節で書きぬきなさい。（各3点×6＝18点）

(1) 数学の 問題〈体言〉が すらすらと 解ける〈用言〉。 〔連体修飾語〕〔　　〕

(2) 車の 修理が すぐに 完了《かんりょう》した。 〔連用修飾語〕〔　　〕

(3) 大きな 声が 教室中に ひびいた。 〔連体修飾語〕〔　　〕 〔連用修飾語〕〔　　〕

(4) うれしい 知らせが 次々と 飛《と》び込《こ》む。 〔連体修飾語〕〔　　〕 〔連用修飾語〕〔　　〕

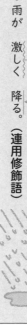

① 文節の関係

接続の関係・独立の関係

得点　　／100点
学習日　　月　　日

確認① 接続の関係

▼前後の文や文節をつないで、その関係を表す文節を「接続語」といい、接続語と、接続語がつなぐ文や文節との関係を「接続の関係」という。

例　晴れた。だから、散歩に出かけた。
　　晴れたので、散歩に出かけた。

▼接続語は、例えば次のような関係を示す。

例　雨なので、遠足は中止だ。（理由）
　　雨だが、試合は続けよう。（逆接）
　　雨ならば、試合は延期だ。（条件）

1 次の文から接続語を書きぬきなさい。（各4点×4＝16点）

(1) 転んだので、足が痛い。〔　　　〕
(2) 転んだ。だから、足が痛い。〔　　　〕
(3) つらい。だけど、やめない。〔　　　〕
(4) つらいけれど、やめない。〔　　　〕

2 次の文を二つに分けるとしたら、□にはどんな接続語が入りますか。下の［　］から選んで書き入れなさい。（各4点×3＝12点）

(1) 暑いので、冷たい麦茶を飲もう。
↓
〔暑い。□、冷たい麦茶を飲もう。〕

(2) 勉強したのに、問題が解けなかった。
↓
〔勉強した。□、問題が解けなかった。〕

(3) 寝《ね》ると、疲《つか》れが取れる。
↓
〔寝る。□、疲れが取れる。〕

［しかし　すると　だから］

3 次の二文を一つの文に書き換《か》えます。□にあてはまる接続語を［　］からそれぞれ選んで書き入れなさい。（各4点×4＝16点）

(1) 困った。だから、友達に相談しよう。
↓
〔□、友達に相談しよう。〕

［困ったので　困ったけれど］

(2) 悔《くや》しい。だけど、また頑《がん》張《ば》ろう。
↓
〔□、また頑張ろう。〕

［悔しいのに　悔しくて　悔しいけれど］

(3) 走る。すると、汗《あせ》が出てきます。
↓
〔□、汗が出てきます。〕

［走るのに　走るけれど　走ると］

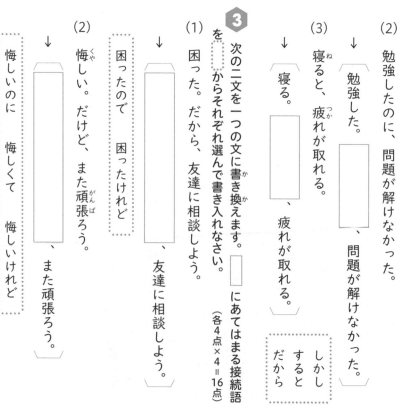

(4) 敗れた。しかし、次回は勝とう。

↓

（　　　　　）、次回は勝とう。

敗れたが　敗れたので　敗れると

4 次の――線部の接続語が示す関係を［　］から選んで書きなさい。（各4点×3＝12点）

(1) 勝ったので、ほうびをもらった。（　　）

(2) おいしければ、おかわりしよう。（　　）

(3) 寝坊《ねぼう》したが、間に合った。（　　）

逆接・理由・条件

確認❷ 独立の関係

▼他の文節とは直接関係なく、それだけで独立している文節を、「独立語」といい、独立語とそれ以外の文節との関係を「独立の関係」という。

独立語には、次のような種類がある。

① あら、こんな時間なのね！（感動）
② おい、そこの君！（呼びかけ）
③ いいえ、そうではありません。（応答）
④ おはよう、いいお天気ね。（挨拶《あいさつ》）
⑤ 東京、そこは日本の首都だ。（提示）

＊「提示」とは、強調するために名前や事がらを文の初めに示すこと。
＊独立語は、文の初めにくるのがふつうである。

1 次の文から独立語を書きぬきなさい。（各4点×5＝20点）

(1) こんにちは、暑いですね。（　　）

(2) ああ、なんて美しいんだ。（　　）

(3) もしもし、そこのあなた。（　　）

(4) 自立、それが君の課題だよ。（　　）

(5) ほらほら、危ないよ。（　　）

2 次の――線部の独立語の種類を［　］から選んで書きなさい。（各4点×6＝24点）

(1) ああ、もう終わりか。（　　）

(2) もしもし、山田さん。（　　）

(3) うん、その説明で納得《なっとく》できたよ。（　　）

(4) 五月五日、それはこどもの日です。（　　）

(5) わあ、ずいぶん高いビルだなあ。（　　）

(6) ねえ、日曜日に映画に行こうよ。（　　）

感動　呼びかけ　応答　提示

② 連文節

主部・述部・修飾部・接続部・独立部

得点　／100点
学習日　月　日

確認① 連文節

▼ **二文節以上が結びついて主語・述語・修飾語《しゅうしょくご》などの働きをするとき、そのまとまりを「連文節」といい、文の成分をそれぞれ「主部」「述部」「修飾部」「接続部」「独立部」という。**

例
●赤い つばきが（主部） 山おくの 小道に（修飾部） さいて いる（述部）。
●日差しが 強いので（接続部）、帽子《ぼうし》を かぶった。
●去年の 誕生日（独立部）、その 日の ことは 忘れられない。

▼ **並立《へいりつ》の関係** P20・21 **、補助の関係** P22 **にある文節は、必ず連文節になる。**

例
●弟と 妹が（並立の関係・主部） 砂場で 遊んで いる（補助の関係・述部）。
●よごれて いるので（補助の関係・接続部）、つぼを 美しく ていねいに（並立の関係・修飾部） みがく。

1 次の□の連文節の文の成分を、確認①から書きぬきなさい。（各2点×3＝6点）

〈［大きな 鳥が］ ［木の 枝に］ ［とまって いる］。〉

（主）（　　）（　　）

2 次の□の連文節は、文の中でどんな文の成分になりますか。□から選んで書きなさい。（各2点×5＝10点）

(1) ［白い 雪が］ 屋根に（修飾語） 積もる（述語）。　（　　）

(2) 牛が（主語） 草を（修飾語） ［食べて いる］。　（　　）

(3) 百科事典が（主語） ［学校の 図書館に］ ある（述語）。　（　　）

(4) ［気分が 悪いので］、すぐに（修飾語） 寝《ね》た（述語）。　（　　）

(5) ［夏の 太陽］、それは（主語） 最も（修飾語） まぶしい（述語）。　（　　）

主部　述部　修飾部　接続部　独立部

3 次の文の述部にあたる連文節を記号で答えなさい。（各5点×4＝20点）

(1) ア得意な 科目は イ体育と 美術だ。　（　　）

(2) ア小さな 鳥が イ部屋の 中に ウ飛び込《こ》んで くる。　（　　）

(3) ア試合に 負けて しまったので、イ残念で くやしい。　（　　）

(4) ア私の 趣味《しゅみ》は イ本を 読む ことです。　（　　）

4 次の文の主部にあたる連文節を記号で答えなさい。（各4点×4＝16点）

(1) ア本当の 友達は、 イ苦しい ときに ウ助けて くれる。

(2) ア山の 頂上に イ大きな 岩が ウ転がって いる。

(3) アはるか 遠くから イかすかな 音が ウ聞こえて くる。

(4) アこんなに 泣いて いるのは、 イ僕《ぼく》と 妹だけだ。

5 次の文の修飾部にあたる連文節を記号で答えなさい。（各4点×4＝16点）

(1) ア私の 姉は イ学校の 教師を ウ目指して いる。

(2) ア輸入した 小麦が イ大きな 倉庫に ウ保管して ある。

(3) ア彼《かれ》の 計算は、 イクラスの 誰《だれ》よりも ウ速くて 正確だ。

(4) アどの 料理にも イ深い 愛情が ウこもって いる。

6 次の文の接続部にあたる連文節を記号で答えなさい。（各4点×4＝16点）

(1) ア天気は よかったが、 イ強い 風が ウふいて いた。

(2) ア質問が あるならば、 イ授業の あとに ウ来て ください。

(3) アあんなに 頑張《がんば》っても、 イテストの 成績が ウよく ない。

(4) アすぐに 戻《もど》るので、 イ余計な 心配は ウしなくて よい。

7 次の文の独立部にあたる連文節を記号で答えなさい。（各4点×4＝16点）

(1) ア五人の 兄弟、 イ彼《かれ》らの 個性を ウ大切に したい。

(2) ア美しい 星々、 イその 輝《かがや》きは ウあざやかで きれいだ。

(3) ア大変な 混雑、 イこんな 人混みだと ウ疲《つか》れて しまう。

(4) ア塩と 砂糖、 イこれらの 調味料は ウ昔から ある。

確認① 並立の関係(1)

▼ 二つ以上の文節が対等に並んでいる関係を、「並立《へいりつ》の関係」という。

例
・りんごと バナナを 食べた。
［りんごと］［バナナを］―食べた。
・この 猫《ねこ》は 小さくて かわいい。
この 猫は―［小さくて］［かわいい。］

1 次の文を左の図のように表します。□にあてはまる言葉を書き入れなさい。（各4点×4＝16点）

(1) あさがおと ひまわりが 咲《さ》いた。

［あさがおと］［①　　］―［②　　］。

(2) 市民プールは 大きくて 深い。

［市民プールは］―［①　　］［②　　］。

2 次の――線部の文節と並立の関係にある文節を書きぬきなさい。（各5点×4＝20点）

(1) 米と 野菜を 生産する。
(2) 赤くて 鮮《あざ》やかな 花が 咲く。
(3) 血液型は 君も 僕《ぼく》も O型だ。
(4) 彼《かれ》は 優《やさ》しくて 明るい 人だ。

3 次の文から、並立の関係にある二文節を書きぬきなさい。（完答各5点×4＝20点）

(1) 国語や 数学の 教科書を 読む。（　　）・（　　）
(2) まじめで すなおな 女の子だと 思った。（　　）・（　　）
(3) 工作で 必要なのは、はさみと のりだ。（　　）・（　　）
(4) 道を わかりやすく 親切に 教えて もらった。（　　）・（　　）

得点　／100点
学習日　月　日

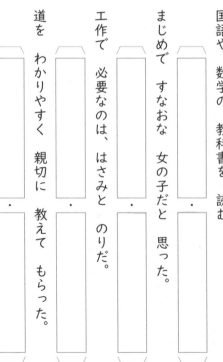

確認❷ 並立の関係(2)

▼並立の関係の文節は、常にひとまとまりで連文節となり、文の成分となる。

例 ・いすと 机が 並べられる。（主部）
・ももは 甘《あま》くて おいしい。（述部）

次の□は、並立の関係にある連文節です。この連文節の文の成分を［　］から選んで書きなさい。（各4点×5＝20点）

(1) 父と 母が 帰宅する。（　　　）

(2) 祖母の 笑い声は 大きくて ほがらかだ。（　　　）

(3) 彼《かれ》は 静かに 優《やさ》しく 語りかけた。（　　　）

(4) 古くて 汚《きた》ないけれど、まだ 使えるよ。（　　　）

(5) 定規と コンパス、それらは 明日の 授業で 必要だ。（　　　）

［主部　述部　修飾部　接続部　独立部］

確認❸ 並立の関係(3)

▼並立の関係にある二文節は、順序を入《い》れ換《か》えることができる。

例 A君と B君は 仲良しだ。＝ B君と A君は 仲良しだ。

［A君と／B君は］─仲良しだ。 ＝ ［B君と／A君は］─仲良しだ。

❶ 次の──線部の順序を入れ換えて図に表します。□にあてはまる言葉を書き入れなさい。（各4点×3＝12点）

(1) 牛乳と パンを 買った。

［パンと］［①　　］─買った。

(2) 高田君は おおらかで ほがらかだ。

高田君は─［①　　］［②　　］。

❷ 次の──線部と═線部の順序を入れ換えて、文全体を書き直しなさい。（各4点×3＝12点）

(1) ボールと バットは 野球道具だ。（　　　）

(2) 父は 若々しくて 健康だ。（　　　）

(3) 険しくて 高い 山に 登る。（　　　）

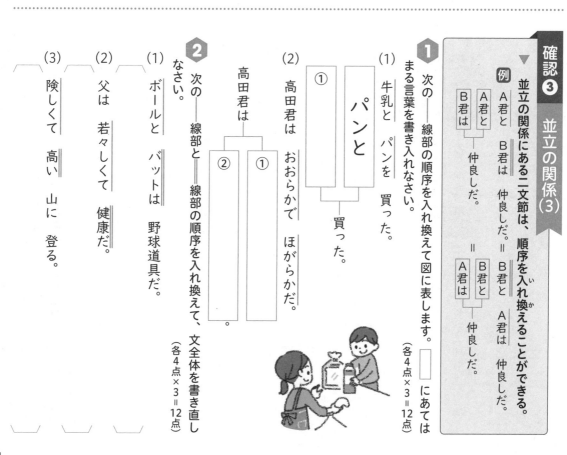

② 連文節

補助の関係／まとめ

得点

／100点

学習日

月　日

確認❶ 補助の関係(1)

▼下の文節が、すぐ上の文節に補助的な意味を付け加えている関係を、「補助の関係」という。

例
・雪が　降って　いる。（現在雪が降り続いているという意味）
・小説を　読んで　みる。（ためしに読むという意味）

右の「いる・みる」は、本来の「居る・見る」の意味がうすれ、「降る」「読む」に補助的な意味を付け加える働きをしている。

＊補助の関係にある文節には、次のようなものもある。

例
・問題の　答えを　教えて　ほしい。
・この　料理は　おいしく　ない。
・大事な　物は　しまって　ある。
・僕《ぼく》より　先に　帰って　しまう。
・家の　近くまで　送って　もらう。

1 次の――線部に補助的な意味を付け加えている文節を書きぬきなさい。（各2点×6＝12点）

(1) 観客が　ステージに　注目して　いる。
(2) 新品の　いすに　座《すわ》って　みる。
(3) 試合に　ぜひ　勝って　ほしい。
(4) 値段が　それほど　高く　ない。
(5) おかしくて　つい　笑って　しまう。
(6) 都会の　空気は　きれいで　ない。

2 次の文から、補助の関係にある二文節を書きぬきなさい。（完答各4点×6＝24点）

(1) 推理小説を　毎日　少しずつ　読んで　いる。
(2) 答えを　見ないで　自分の　力で　解いて　みる。
(3) 必要で　ないので、すぐに　片付けます。
(4) 大事な　写真を　引き出しの　中に　しまって　おく。
(5) 妹に　買って　やる　本を　決める。
(6) この　画用紙に　好きな　絵を　描《か》いて　よい。

確認❷ 補助の関係(2)

▼補助の関係の文節は、常にひとまとまりで連文節となり、文の成分となる。

例
・泣いて　いるのは　弟だった。（主部）
・行って　しまうので、さびしい。（接続部）

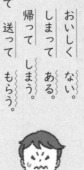

1 次の［　］は、補助の関係にある連文節です。この連文節の文の成分を［　］から選んで書きなさい。（各3点×4＝12点）

(1) ［咲《さ》いて いるのは］ 満開の 桜だ。　［　　］

(2) 祖母は 幼い 頃《ころ》から 私を ［かわいがって くれた］。　［　　］

(3) ［手伝って もらう］ 作業の 説明を する。　［　　］

(4) ［新しく ないが］、この 機械は 性能が よい。　［　　］

主部　述部　修飾部《しゅうしょくぶ》　接続部　独立部

2 次の文から、〔　〕の文の成分にあたる補助の関係の二文節を書きぬきなさい。（完答各6点×4＝24点）

(1) 読んで ほしいのは、私が 書いた 詩です。
〔主部〕［　　］・［　　］

(2) 私は 家で 大きな 犬を 飼って いる。
〔述部〕［　　］・［　　］

(3) にぎやかで ない 場所に 行きたい。
〔修飾部〕［　　］・［　　］

(4) 置いて おくので、好きな ときに 見なさい。
〔接続部〕［　　］・［　　］

「①文節の関係」「②連文節」まとめ

1 次の――線部と══線部の文節どうしの関係を［　］から選んで書きなさい。（各3点×4＝12点）

(1) 美しい 風景を 写真に 収める。　［　　］の関係

(2) 安くて おいしい ケーキを 食べたい。　［　　］の関係

(3) 私が 読んだのは、長編の 小説でした。　［　　］の関係

(4) 実際に やって みると、大変さが よく わかる。　［　　］の関係

主・述　修飾・被修飾《ひしゅうしょく》　並立《へいりつ》　補助

2 次の文から、〔　〕の関係にある二文節を書きぬきなさい。（完答各4点×4＝16点）

(1) 食事が 済んだら、お風呂《ふろ》に 入りなさい。
〔主・述の関係〕［　　］・［　　］

(2) 大きな 水そうが 置いて ある。
〔修飾・被修飾の関係〕［　　］・［　　］

(3) 洋食を 食べるには、ナイフと フォークを 使う。
〔並立の関係〕［　　］・［　　］

(4) 昨日 見た 映画は あまり おもしろく ない。
〔補助の関係〕［　　］・［　　］

◆文の組み立て まとめ

確認① 連文節にふくまれる文節の関係

▼連文節の中には、いろいろな文節の関係がふくまれている。

例

・さわやかな 風が ふいて いる。（主部／述部）→ 修飾《しゅうしょく》・被修飾《ひしゅうしょく》の関係　補助の関係

・花が 咲《さ》いたので、写真に とる。（接続部）→ 主・述の関係

・本屋で 雑誌と 小説を 買った。（修飾部）→ 並立《へいりつ》の関係

1 次の——線部の連文節には、どんな文節の関係がふくまれていますか。確認①から選んで書きなさい。（各3点×5＝15点）

(1) 夏が 終わると、読書の 秋が やって くる。〔　　〕の関係

(2) 寒かったので、母は 熱い お茶を 飲んだ。〔　　〕の関係

(3) 会場では コーヒーや 紅茶が ふるまわれた。〔　　〕の関係

(4) 人類は、一日で 大量の 資源を 消費して しまう。〔　　〕の関係

(5) 危険ですから、白線の 後ろに 下がって ください。〔　　〕の関係

2 次の文から、〔　〕の関係がふくまれている連文節を記号で答えなさい。（各3点×5＝15点）

(1) ア母と 弟が バスに イ乗って いる。〔補助の関係〕〔　　〕

(2) ア新しい スパイクは 非常に イ軽くて じょうぶだ。〔並立の関係〕〔　　〕

(3) ア私が 泣いたのは、イ映画の 内容に 感動したからだ。〔主・述の関係〕〔　　〕

(4) ア厳しい 暑さで 機械が イ故障して いる。〔修飾・被修飾の関係〕〔　　〕

(5) ア裁縫《さいほう》を するので、イ針と 糸を ウ用意して おく。〔並立の関係〕〔　　〕

得点　／100点

学習日　月　日

確認❷ 文の組み立て

▼隣《とな》り合《あ》っている文節どうしの関係に着目して連文節をとらえて、文の組み立てを理解する。

例 妹の 友達は、 熊の ぬいぐるみを 欲《ほ》しがって いる。

- 妹の 友達は、（修飾・被修飾の関係）……主部
- 熊の ぬいぐるみを（修飾・被修飾の関係）……修飾部
- 欲しがって いる。（補助の関係）……述部

1 次の組み立て図の①・②に入る言葉を[　]から選んで書きなさい。（各5点×6＝30点）

(1) 僕《ぼく》は、 ドイツと イタリアに 行って みたい。

- 僕は、……主語
- ドイツと イタリアに（並立の関係）……修飾部
- 行って みたい。（①〔　　〕の関係）……②〔　　〕

(2) その 歌手は 優《やさ》しく 穏《おだ》やかに 歌って いた。

- その 歌手は（修飾・被修飾の関係）……②〔　　〕
- 優しく 穏やかに（①〔　　〕の関係）……修飾部
- 歌って いた。（補助の関係）……述部

(3) 今朝、 私は、 父が 出かけるのを 見た。

- 今朝、……修飾語
- 私は、……主語
- 父が 出かけるのを（①〔　　〕の関係）……②〔　　〕
- 見た。……述語

[主・述　修飾・被修飾　接続　独立　並立　補助　主部　述部　修飾部　接続部　独立部]

2 次の――線部の文の成分とその中にふくまれる文節の関係を、❶の[　]からそれぞれ選んで書きなさい。（完答各5点×8＝40点）

(1) ①小さな 花が ②学校の 花だんに 咲いた。

① 成分〔部〕 関係〔修〕の関係
② 成分〔　　〕 関係〔　　〕の関係

(2) ①気温は 低いが、 部屋の 中は ②寒く ない。

① 成分〔　　〕 関係〔　　〕の関係
② 成分〔　　〕 関係〔　　〕の関係

(3) ①とても 眠《ねむ》かったので、 ②いつもより 早く 寝《ね》た。

① 成分〔　　〕 関係〔修〕の関係
② 成分〔　　〕 関係〔　　〕の関係

(4) ①ご飯と 納豆《なっとう》、 ②その 組み合わせは 朝食の 定番だ。

① 成分〔　　〕 関係〔　　〕の関係
② 成分〔　　〕 関係〔　　〕の関係

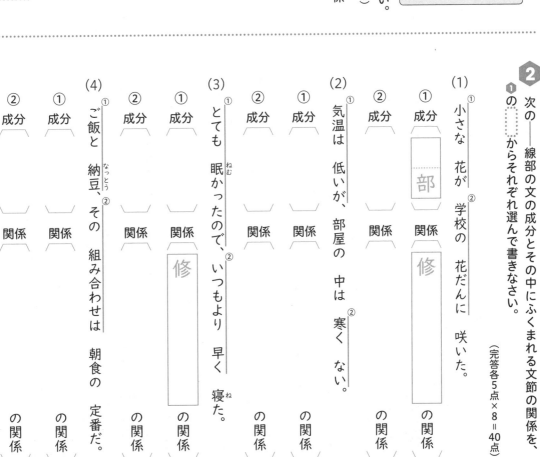

テスト1

1 次の文の主語と述語を一文節で書きぬきなさい。また、その主語と述語の結びつきの型を□から選び、記号で答えなさい。（各3点×10＝30点　ただし、主語・述語は両方できて正解）

(1) 白い花がとても美しい。

主語（　　）述語（　　）（　　）

(2) 美術館は駅から徒歩で五分のところにある。

主語（　　）述語（　　）（　　）

(3) 来年から弟も私と同じ中学生だ。

主語（　　）述語（　　）（　　）

(4) 緊張《きんちょう》のあまり食事さえのどを通らない。

主語（　　）述語（　　）（　　）

(5) きらきらと輝《かがや》く、日の光を浴びた朝露《あさつゆ》が。

主語（　　）述語（　　）（　　）

ア 何（だれ）が――どうする
イ 何（だれ）が――どんなだ
ウ 何（だれ）が――何だ
エ 何（だれ）が――ある・いる・ない

2 次の文章の①～⑥にあてはまる言葉を書きなさい。ただし、④・⑥以外は一文節で書きぬくこと。（各3点×6＝18点）

「鏡に自分の姿が映る。」という文の場合、主語は「①」であり、それに対する述語は「②」である。また、「鏡に」は、「③」を修飾《しゅうしょく》する④で、「自分の」は、「⑤」を修飾する⑥である。

①（　　）　②（　　）
③（　　）　④ 連□修飾語
⑤（　　）　⑥（　　）

3 次の文章から独立語を三つ探して書きぬきなさい。また、その独立語の種類を□から選び、その下に記号で答えなさい。（各2点×6＝12点）

「ねえ、国語のテストの範囲《はんい》を知ってる？」

「いや、何も聞いてないよ。」

「やれやれ、だれか知っている人いないかな。」

独立語（　　）記号（　　）
独立語（　　）記号（　　）
独立語（　　）記号（　　）

ア 感動　イ 呼びかけ　ウ 応答　エ 提示

4 次の文章を読んで、あとの問いに答えなさい。（各5点×4＝20点）

近ごろの若い①人たちはちっとも料理を作らないという話をときどき耳にする。②確かに私もめったに作らない。③作ったとしても、カレーライスとかせいぜいマーボー豆腐《どうふ》くらいなもので、天ぷらなんてもってのほかである。④でも、中学生のころは本気で料理研究家になろうと思っていた。

(1) ――線①「人たちは」（主語）を受ける述語を一文節で書きぬきなさい。

(2) ――線②「確かに私もめったに作らない」の中から修飾語を一文節ずつ、すべて書きぬきなさい。（完答）

(3) ――線③「作ったとしても」は、□のどれにあたりますか。記号で答えなさい。

ア 主部　イ 述部　ウ 修飾部
エ 接続部　オ 独立部

(4) ――線④「でも、中学生のころは本気で料理研究家になろうと思っていた」の中から、接続語を書きぬきなさい。

5 次の文章を読んで、あとの問いに答えなさい。（各5点×4＝20点）

暗い暗い夜が風呂敷《ふろしき》のような影《かげ》をひろげて野原や森を包みにやって来ましたが、雪はあまり白いので、包んでも包んでも白く浮《う》かびあがっていました。

親子の銀狐《ぎんぎつね》は洞穴《ほらあな》から①出ました。子供の方はお母さんのお腹《なか》の下へはいりこんで、そこからまんまるな眼《め》をぱちぱちさせながら、あっちやこっちを見ながら歩いて行きました。

ⓐやがて、行《ゆ》く手《て》に②ぽっつりあかりが一つ見え始めました。それを子供の狐が見つけて、

「ⓑ母ちゃん、お星さまは、あんな低いところにも落ちてるのねえ。」とききました。

（新美南吉《にいみなんきち》「手袋《てぶくろ》を買いに」）

(1) ――線①「出ました」（述語）に対する主部を二文節で書きぬきなさい。

(2) ――線②「ぽっつり」が修飾する言葉を一文節で書きぬきなさい。

(3) 〰線ⓐ・ⓑは、□のどれにあたりますか。記号で答えなさい。

ア 主語　イ 述語　ウ 修飾語
エ 接続語　オ 独立語

ⓐ
ⓑ

テスト 2

1 次の文章から、並立《へいりつ》の関係と、補助の関係がふくまれた連文節をそれぞれ二組ずつ書きぬきなさい。（完答各4点×4＝16点）

> 草原にはたくさんの牛と馬がいた。牛は草をもくもくと食べ、馬は水たまりの水を飲んでいた。その様子を見ているうちに、いつの間にか私は深く静かなねむりに落ちた。

並立の関係　［　　］・［　　］　［　　］・［　　］

補助の関係　［　　］・［　　］　［　　］・［　　］

2 次の文の——線部は、文の成分として［　］のどれにあたりますか。記号で答えなさい。（各4点×7＝28点）

(1) ①家の庭に、②バラの花が③咲《さ》いている。

①［　　］　②［　　］　③［　　］

(2) ①私と妹は、②おなかがすいたので、③チョコレートとビスケットを④食べてしまった。

①［　　］　②［　　］　③［　　］　④［　　］

ア 主部　イ 述部　ウ 修飾部《しゅうしょくぶ》　エ 接続部

3 次の文章を読んで、あとの問いに答えなさい。（各4点×5＝20点）

> 森は、①木が家具や紙などの材料となるだけでなく、風や雨による災害を防ぐのに②役立ってきました。それで③昔の人は、森を守り育てたのです。

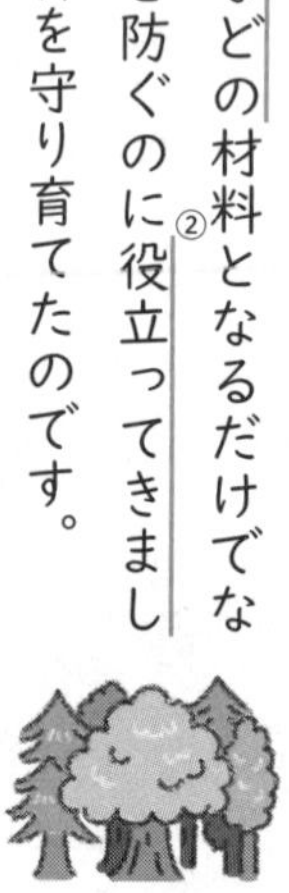

(1) ——線①・②の連文節には、それぞれどのような文節の関係がふくまれていますか。

①［　　］の関係　②［　　］の関係

(2) ——線①の連文節が修飾している言葉を一文節で書きぬきなさい。

［　　］

(3) ——線③は、この文の中でどんな文の成分になっていますか。また、「昔の」と「人は」の文節の関係を答えなさい。

文の成分［　　］

文節の関係［　　］の関係

得点　／100点

学習日　月　日

4 次の文章を読んで、あとの問いに答えなさい。（各4点×4＝16点）

親身《しんみ》な、やさしい、①そして男らしい心に生《うま》れた君は、②黙《だま》ってこの有様《ありさま》を見て過ごす事は③出来なくなった。君は君に近いものの生活のために、正しい汗《あせ》を額に流すのを④悔《く》いたり恥《は》じたりしてはいられなくなった。

（有島武郎《ありしまたけお》「生《うま》れ出《い》づる悩《なや》み」）

(1) ――線①「そして」は、文の成分として□のどれにあたりますか。記号で答えなさい。

ア 主語　イ 述語　ウ 修飾語
エ 接続語　オ 独立語

（　　）

(2) ――線②「黙って」が修飾する部分を二文節で書きぬきなさい。

（　　）

(3) ――線③「出来なくなった」は、文の成分として□のどれにあたりますか。記号で答えなさい。

ア 主部　イ 述部　ウ 修飾部
エ 接続部　オ 独立部

（　　）

(4) ――線④「悔いたり恥じたり」の二文節の関係を書きなさい。

（　　の関係）

5 次の文章を読んで、あとの問いに答えなさい。（各4点×5＝20点）

「ドーン。……ヒュルルル……。」
①その花火の音を聞くと、健太郎《けんたろう》は子供心にも②夏休みがようやくやって来たことを実感しました。

(1) □部の文全体の主語を書きぬきなさい。

（　　）

(2) ――線①「その花火の音を聞くと」、②「夏休みがようやくやって来たことを」は、それぞれ文の成分として□のどれにあたりますか。記号で答えなさい。

①（　　）　②（　　）

ア 主部　イ 述部　ウ 修飾部
エ 接続部　オ 独立部

(3) 〰線部「子供心にも」について、次の問いに答えなさい。

① この言葉が修飾する部分を一文節で書きぬきなさい。

（　　）

② こうした修飾語を何といいますか。次の□にあてはまる言葉を書き入れなさい。

（連□修飾語）

①品詞分類

品詞の分類 1

得点 ／100点

学習日 月 日

学習内容

単語はまず、自立語と付属語に分けられ、さらにそれぞれ活用しないか、活用するかによって分けられる。

- 単語
  - 自立語
    - 活用しない
    - 活用する
  - 付属語
    - 活用しない
    - 活用する

確認① 自立語と付属語

▼単語は文節の中の位置によって、自立語と付属語に分けられる。

自立語…文節の初めにあり、それだけで文節を作れる。
付属語…自立語の下に付き、それだけでは文節を作れない。

例 校庭（自） の（付）／桜（自） が（付）／やがて（自）／咲《さ》く（自） よ（付）。

（自＝自立語 付＝付属語）

▼自立語は、一文節の中に一つしかない。付属語は、一文節の中にないこともあれば、二つ以上あることもある。

例 私（自） が（付）／書き（自） まし（付） た（付）。 君（自） に（付） は（付）／感謝する（自）。

1 次の文の単語を、自立語と付属語に分けて書きなさい。（／は文節の切れ目です。）（各2点×10＝20点）

(1) 鳥 が／空 を／飛ぶ。

自立語

付属語

(2) バラ を／花瓶《かびん》 に／さす。

自立語

付属語

2 次の文の単語を、自立語と付属語に分けて書きなさい。（各2点×17＝34点）

(1) 家 で のんびり 過ごす。

自立語

付属語

(2) ここ から 学校 まで 歩き ます。

自立語

付属語

(3) 私 に は 弟 が い ます。

自立語

付属語

3 次の文の単語を、自立語と付属語に分けて書きなさい。（各2点×5＝10点）

〈鉛筆《えんぴつ》をナイフで削《けず》る。〉

自立語

付属語

確認② 活用しない自立語と活用する自立語

▼自立語は、語形が変化しないかするかによって二種類に分けられる。

例 その(自)／馬(自)が(付)／ゆっくり(自)／歩く(自)。

① 語形が変化しない自立語…「その」「馬」「ゆっくり」

↓ あとに続く言葉によって語形が変化しない。

② 語形が変化する自立語…「歩く」

↓ 「歩かない・歩いた」などと変化する。

＊「歩かない・歩いた」のように、あとに続く言葉によって語形が変化することを「活用」という。

1 確認② 「活用」とは、どんなことですか。次の□にあてはまる言葉を確認②から書きぬきなさい。（4点）

あとに続く言葉によって［　　　　　　］こと。

2 次の――線部は活用する自立語です。「ない」に続くように、形を変えて書きなさい。（各4点×3＝12点）

(1) 空を飛ぶ。
↓
空を［　　］ない。

(2) 虹《にじ》が美しい。
↓
虹が［　　　］ない。

(3) 今日は静かだ。
↓
今日は［　　で］ない。

確認③ 活用しない付属語と活用する付属語

▼付属語にも、活用しないものと活用するものがある。

例 田中君(自)は(付)／先(自)に(付)／行く(自)ようだ(付)。

① 活用しない付属語…「は」「に」→ 語形が変化しない。

② 活用する付属語…「ようだ」

↓ 「ようでない・ようだった」などと変化する。

＊活用する付属語には、他に「らしい」「そうだ」「たい」などがある。

1 次の――線部の付属語を、活用しないものと活用するものに分けて書きなさい。（各2点×6＝12点）

(1) 明日は雨が降るらしい。

① 活用しない付属語［　　］・［　　］

② 活用する付属語［　　］

(2) 映画を見に行きたい。

① 活用しない付属語［　　］・［　　］

② 活用する付属語［　　］

2 次の文から、あとの①・②の単語を書きぬきなさい。（／は文節の切れ目です。）（各2点×4＝8点）

〈成功までの／道のりは／険しそうだ。〉

① 活用しない付属語［　　］・［　　］・［　　］

② 活用する付属語［　　］

① 品詞分類

品詞の分類 2／まとめ

自立語と付属語、活用しない語と活用する語に分けられた単語は、さらに十の種類（品詞）に分けられる。

学習内容

単語
- 自立語
  - 活用しない
    - 主語になれる（体言）―〈品詞〉名詞
    - 主語になれない ― 副詞・連体詞・接続詞・感動詞
  - 活用する ― 述語になれる（用言） ― 動詞・形容詞・形容動詞
- 付属語
  - 活用しない ― 助詞
  - 活用する ― 助動詞

＊代名詞を名詞と区別して、十一の品詞に分ける考え方もある。
＊一つ一つの品詞を学習する前に、単語がどのように分類されて十種類の品詞になるのかを、ここでおおまかにつかんでおこう。

確認❶ 活用しない自立語(1)

▼活用しない自立語は、文中で主語になることができる単語と、できない単語とに分けられる。主語になることができる単語を「体言」といい、名詞がそれにあたる。

▼体言は、「は」や「が」などが付いて文中で主語になる。

例 私（体言〈名詞〉・主語）は／中学生だ。　馬（体言〈名詞〉・主語）が／走る。

1 次の文の単語のうち、体言を○で囲みなさい。（各4点×2＝8点）

(1) 魚が／すいすいと／泳ぐ。

(2) 青い／小鳥が／さえずる。

2 次の[ ]から体言を三つ選んで書きぬきなさい。（各4点×3＝12点）

[いきなり　四月　だから　机　もしもし　時計　あらゆる]

［　　］・［　　］・［　　］

確認❷ 活用しない自立語(2)

▼活用しない自立語のうち主語になることができない単語は、その性質や働きによって次の四つの品詞に分けられる。

〈品詞〉	例	〈文中での働き〉
① 副詞	犬が［いきなり］ほえた。	（主に連用修飾語）
② 連体詞	［あらゆる］問題を協議した。	（連体修飾語）
③ 接続詞	疲《つか》れた。［だから］休もう。	（接続語）
④ 感動詞	［もしもし］、私は中山です。	（独立語）

次の――線部は活用しない自立語です。品詞名を確認❷から探して書きなさい。（各4点×4＝16点）

(1) 母がそっと つぶやく。［　　］

(2) ある男がいる。［　　］

(3) 怖《こわ》い。だから僕《ぼく》はやめる。［　　］

(4) あれ、彼女《かのじょ》 は どこ に いる の。

〔　　　　〕

確認③ 用言

▼活用する自立語を「用言」という。用言には、次の三つの品詞があり、どれも、それだけで述語になることができる。

〈品詞〉　〈文中での働き〉

① 動詞　例 小鳥が 飛ぶ。

② 形容詞　例 小鳥は かわいい。

③ 形容動詞　例 小鳥の 声は にぎやかだ。

（述語）

1 次の文の単語のうち、用言を○で囲みなさい。（各5点×3＝15点）

(1) ちょう が／飛び回る。

(2) ちょう の／羽 は／うすい。

(3) 羽 の／模様 は／はなやかだ。

2 次の［　］から用言を三つ選んで書きなさい。（各5点×3＝15点）

時間　幸福だ　助ける　そして
まるで　丸い　あの　たぶん

〔　　　　〕・〔　　　　〕・〔　　　　〕

参考

付属語も、活用しない単語（助詞）と活用する単語（助動詞）とに分けられる。▼P31

例 飛行機 は 三時 に 離陸《りりく》する そうだ。（は・に：助詞　そうだ：助動詞）

「品詞分類」まとめ

1 次の――線部の単語について、｛　｝の中からあてはまるほうを○で囲みなさい。（完答各5点×4＝20点）

(1) 「うさぎ」は｛自立語・付属語｝、｛活用しない・活用する｝、｛主語になれる・主語になれない｝。
だから「うさぎ」は体言（名詞）である。

(2) 「はねる」は｛自立語・付属語｝、｛活用しない・活用する｝、｛述語になれる・述語になれない｝。
だから「はねる」は用言（動詞）である。

(3) 「白い」 は｛自立語・付属語｝、｛活用しない・活用する｝、｛述語になれる・述語になれない｝。
だから「白い」は用言（形容詞）である。

(4) 「立派だ」は｛自立語・付属語｝、｛活用しない・活用する｝、｛述語になれる・述語になれない｝。
だから「立派だ」は用言（形容動詞）である。

2 次の文の単語をあとの四つに分けて書きなさい。（各2点×7＝14点）

〈適度な 運動 は 体 に よい らしい。〉

① 体言〔　　　　〕・〔　　　　〕

② 用言〔　　　　〕・〔　　　　〕

③ 活用しない付属語〔　　　　〕・〔　　　　〕

④ 活用する付属語〔　　　　〕

名詞の性質と働き

得点　　／100点
学習日　　月　　日

確認❶ 名詞の性質

① 自立語で活用しない。

例 家（自）で（付）／本（自）を（付）／読む（自）。
　 名詞　　　名詞
（自＝自立語　付＝付属語）

→「家」「本」は自立語で、あとに続く言葉によって語形が変わらない。

② 物の名前や事がらを表す。

例 ●海で　泳ぐ。　●人口の　増加が　問題に　なる。

③「は」や「が」などが付いて、主語になることができる。

例 ●馬は　走る。　●疲《つか》れが　取れる。

＊「は」や「が」を付けてみて、その文節が主語になることができれば、その単語は名詞と考えられる。

1 次の＝＝線部の単語について性質や品詞名を考えます。□にあてはまる言葉を確認❶から書きぬきなさい。（各2点×5＝10点）

〈花が／咲《さ》く。〉

① 文節の初めにあるので、［　　］語である。また、語形が変わらない。つまり、［　　］しない。（　　）（　　）

② 「花」という単語は、物の［　　］を表している。（　　）

③ 「が」が付いて、この文の［　　］語になっている。（　　）

④ 「花」の品詞は［　　］詞である。（　　）

2 次の⋯から名詞をそれぞれ選んで書きなさい。（各2点×4＝8点）

(1) 黒板　転ぶ（　　）

(2) 決して　丸い　青森県（　　）

(3) 固い　テント　もっと（　　）

(4) その　気持ち　重要だ（　　）

3 次の文から名詞をすべて書きぬきなさい。（各2点×13＝26点）

(1) 新聞　の　記事　を　切りぬく。（　　・　　）

(2) 病院　へ　行っ　て　診察《しんさつ》　を　受ける。（　　・　　）

(3) 家族　と　北海道　へ　旅行　に　出かける。（　　・　　・　　）

(4) テレビ　で　評判　の　サーカス団　が　来る。（　　・　　・　　）

(5) 世界　で　最も　高い　山　は　エベレスト　です。（　　・　　・　　）

4 次の文から名詞をすべて書きぬきなさい。（　）は名詞の数です。（完答各4点×4＝16点）

(1) レストランで　おいしい　料理を　食べた。（2）

(2) 弟は　リレーの　選手に　選ばれた。（3）

(3) 他人の　心の　痛みを　知るのは　難しい。（3）

(4) 琵琶《びわ》湖《こ》は　日本で　最も　大きい　湖だ。（3）

5 次の文から名詞をすべて書きぬきなさい。（完答各4点×5＝20点）

(1) 図書館で借りた資料を返す。

(2) 単語の意味を辞書で調べる。

(3) 将来の進路について考える時間がほしい。

(4) 父はレコードを集めるのが趣味《しゅみ》だ。

(5) 質問のある人は、職員室へ来なさい。

6 次の文から名詞をすべて書きぬきなさい。（完答4点）

文法を学ぶのは、自分たちが使っている言葉を見つめ直すのが目的であると思う。

確認2 名詞の働き

▼名詞は、それだけで、または他の語を伴《ともな》って、次のような働きをする。

① **「は・が・こそ」などを伴って主語** ▼P12 **になる。**

例 犬は　かわいい。　家が　建つ。　君こそ　代表だ。

② **「だ・です」などを伴って述語** ▼P12 **になる。**

例 これは　本だ。　材料は　卵です。

③ **「の・を・に」などを伴って修飾語《しゅうしょくご》** ▼P14 **になる。**

例 犬の　散歩を　する。　水を　飲む。　公園に　行く。

④ **独立語** ▼P17 **になる。**

例 京都、そこは私が日本でいちばん好きな場所だ。

次の――線部は、文中で主語・述語・修飾語・独立語のうちのどの働きをしていますか。（各4点×4＝16点）

(1) 風が　強く　吹《ふ》いて　いる。

(2) あそこに　いるのは、祖父です。

(3) 日曜日に　映画館に　行った。

(4) 卒業、それは　新しい　旅立ちだ。

② 名詞

名詞の種類

学習内容

名詞の種類には、次のようなものがある。

「普通名詞《ふつうめいし》」「固有名詞」「数詞」「形式名詞」「代名詞」
＊代名詞を名詞の種類にふくめず、独立した品詞とする考え方もある。

確認① 普通名詞・固有名詞

▼一般的《いっぱんてき》な物や事がらの名前を表す名詞を「普通名詞」という。
例 空・星・机・自動車・感想

▼人名・地名・書名などのように、そのものだけに付けられた名前を表す名詞を「固有名詞」という。
例 坂本竜馬《さかもとりょうま》・アメリカ合衆国・東京・伊勢物語《いせものがたり》

1 次の名詞は、普通名詞・固有名詞のうちのどちらですか。（各2点×6＝12点）

(1) ① 人 （一般的な人間を指す）……［　　］名詞
② 島田 光《ひかる》 （人の名前）……［　　］名詞

(2) ① 国 （一般的な国を指す）……［　　］名詞
② フランス （国の名前）……［　　］名詞

(3) ① 広島市 （都市の名前）……［　　］名詞
② 都市 （一般的な都市を指す）……［　　］名詞

2 次の［　］の名詞を、普通名詞と固有名詞に分けて書きなさい。（各2点×8＝16点）

［麦茶　読書　熊本県　神社　源氏物語《げんじものがたり》　はさみ　夏目漱石《なつめそうせき》　イタリア］

普通名詞（　・　）（　・　）
固有名詞（　・　）（　・　）

3 次の文中の普通名詞には——線を、固有名詞には═══線をそれぞれ引きなさい。（各文に一つずつあります。）（完答各4点×6＝24点）

(1) いとこは長野県に住んでいる。
(2) 野口英世《のぐちひでよ》の伝記を借りる。
(3) 中山先生は、人気がある。
(4) 授業で、イギリスについて学んだ。
(5) 山田さんと、改札口で待ち合わせた。
(6) 父は、ニューヨークに出張した。

得点 ／100点
学習日 月 日

確認❷ 数詞

▼数量や順序を表す名詞を「数詞」という。

例 一・二個・三番目・四メートル・五冊・いくつ・何本

＊「いくつ」や「何本」なども数詞として扱《あつか》う。

1 次の［　］から数詞を四つ選んで書きなさい。（各2点×4＝8点）

雑誌　四位　大豆　十日目　百円
二十人　三輪車　台所　誤解　鎌倉《かまくら》

（　　）・（　　）
（　　）・（　　）

2 次の文から数詞を書きぬきなさい。（各4点×3＝12点）

(1) 手術には一時間が必要だった。（　　）

(2) この牧場では二百頭の牛を育てている。（　　）

(3) 寝《ね》る前に本を何ページか読んだ。（　　）

確認❸ 形式名詞

▼「こと・もの」のように、本来の意味がうすれて、常に連体修飾語《れんたいしゅうしょくご》 ▶P15 が上に付いて用いられる名詞を「形式名詞」という。

例 思うこと　朝のうち　自分のため　言ったはず

＊形式名詞には、他に「ところ・とおり・ほう」などがある。

＊形式名詞は、ふつう、ひらがなで書く。

---

1 次の（　）にあてはまる形式名詞を、それぞれ［　］から選んで書き入れなさい。（各2点×4＝8点）

(1) 君に言っておきたい（　　）がある。

［こと　本　話　うそ］

(2) チームの勝利の（　　）に、僕《ぼく》は全力を尽《つ》くす。

［心　ため　頭　手段］

(3) ほら、私の言った（　　）になったね。

［予想　考え　とおり　足］

(4) 予定だと、すでに到着《とうちゃく》している（　　）だった。

［時間　はず　方法　駅］

2 次の文から形式名詞を書きぬきなさい。（各4点×5＝20点）

(1) たった今学校から帰ってきたところだよ。（　　）

(2) やめたほうがいいんじゃないかな。（　　）

(3) 父の頑固《がんこ》さには本当に困ったものだ。（　　）

(4) 地図のとおりに目的地へ向かう。（　　）

(5) 若いうちに苦労するのもよい。（　　）

代名詞／指示語／まとめ

確認① 代名詞

▼名前を直接言う代わりに、人や事物・場所・方向などを指し示す名詞を「代名詞」という。

例
- 私がお届けします。（人）
- これは大事な書類だ。（事物）
- ここはどこですか。（場所）
- 公園はそっちにあります。（方向）

1 次の（　）にあてはまる代名詞を、それぞれ［　］から選んで書き入れなさい。（各3点×3＝9点）

(1) やっと（　　）にお会いできました。
［あなた　山田先生］

(2) 皆《みな》さま、（　　）をご覧ください。
［入り口　受付　こちら］

(3) ちょっと（　　）まで行ってくるね。
［店　駅　そこ］

2 次の言葉の中から代名詞を四つ選んで○で囲みなさい。（各3点×4＝12点）

［そちら　一位　どこ　方向
人間　こと　それ　あっち］

確認② 代名詞の種類

▼代名詞は、人を指し示す「人称代名詞《にんしょうだいめいし》」と、事物や場所・方向を指し示す「指示代名詞」に分けられる。

① 人称代名詞は、次の四つに分けられる。
- 自分を指す（自称《じしょう》）　例 私・僕《ぼく》
- 相手を指す（対称《たいしょう》）　例 あなた・君
- 自分と相手以外を指す（他称《たしょう》）　例 彼《かれ》・彼女《かのじょ》
- はっきりしない人を指す（不定称《ふていしょう》）　例 どなた・誰《だれ》

② 指示代名詞は、次の三つのものを指す。
- 事物を指す　例 これ・それ・どれ
- 場所を指す　例 ここ・そこ・どこ
- 方向を指す　例 こちら・そちら

1 次の□にあてはまる代名詞の種類を確認②から書きぬきなさい。（各3点×2＝6点）

(1) 僕・彼・どなた……（　　）代名詞

(2) それ・こっち・あちら……（　　）代名詞

2 次の文中の人称代名詞には――線を、指示代名詞には＝線をそれぞれ引きなさい。（完答各4点×3＝12点）

(1) あなたがこれを発見したのですか。

(2) 君の住んでいるアパートはあそこだね。

(3) 着ていく服を、私はどれにしようか迷っていた。

確認❸ 指示語（こそあど言葉）の種類

▼「こ・そ・あ・ど」が頭に付き、何かを指し示す言葉を「指示語（こそあど言葉）」という。指示語には次のような種類がある。

品詞	対象	近称《きんしょう》	中称《ちゅうしょう》	遠称《えんしょう》	不定称《ふていしょう》
名詞（代名詞）	事物	これ	それ	あれ	どれ
	場所	ここ	そこ	あそこ	どこ
	方向	こちら	そちら	あちら	どちら
		こっち	そっち	あっち	どっち
連体詞		この	その	あの	どの
		こんな＊	そんな	あんな	どんな
副詞		こう	そう	ああ	どう

＊「こんな・そんな…」を、連体詞ではなく、形容動詞▼P62「こんなだ・そんなだ…」の語幹とする考え方もある。

1 次の――線部の代名詞は、事物・場所・方向 のうちのどれを指し示していますか。（各4点×4＝16点）

(1) これは、私のノートです。

(2) あなたの作品はどれか教えてください。

(3) 探していた眼鏡は、そこにあった。

(4) 結婚式《けっこんしき》の会場は、あちらになっております。

---

2 次の文中の指示語に――線を引きなさい。（完答各5点×4＝20点）

(1) あそこの店まで、どの道を通って行こうか。

(2) 「こっちに来いよ。」彼はそう言いました。

(3) そのいきさつは、こんな具合だ。

(4) この映画を見終わったら、どこで食事をしようか。

「名詞」まとめ

次の――線①～⑤の名詞の種類を、［　］から選んで書きなさい。（各5点×5＝25点）

「全然」という言葉は、「全然できない」の「ない」のように、否定の言葉とともに用いられるのが一般的《いっぱんてき》だと思われます。

しかし①芥川《あくたがわ》龍《りゅう》之《の》介《すけ》の『羅生門《らしょうもん》』には「この老婆《ろうば》の生死が、全然、自分の②意志に支配されているという③ことを意識した。」という④ところがあり、否定の言葉が見当たりません。皆さんもその箇所《かしょ》を⑤一度読んでみてください。

①　②　③　④　⑤

普通名詞《ふつうめいし》　固有名詞　数詞　形式名詞　代名詞

③ 動詞

動詞の性質と働き

得点 ／100点
学習日 月 日

確認❶ 動詞の性質

① 自立語で活用する。

例 弟（自）は（付）／早く（自）／起きる（自）。→動詞
（自＝自立語　付＝付属語）

↓「起きる」は自立語で、「起き（ない）・起きれ（ば）」などと語形が変わる。

② 動作（どうする）・作用（どうなる）・存在（ある）を表し、それだけで述語になることができる。

例
・海で　泳ぐ。（動作）
・風が　吹《ふ》く。（作用）
・犬が　いる。（存在）

③ 「泳ぐ。」「吹く。」など、言い切りの形がウ段の音で終わる。

例 泳ぐ・吹く・いる・見る

1 次の――線部の単語について性質や品詞名を考えます。□にあてはまる言葉を 確認❶ から書きぬきなさい。（各2点×5＝10点）

〈花　が／咲《さ》く。〉

① それだけで一文節になっているので［　　］語であり、「咲か（ない）・咲け（ば）」などと［　　］する。

② 「どうなる」を表し、この文の［　　］語になっている。

③ 言い切りの形が「咲く」と、［　］段の音で終わる。

④ 「咲く」の品詞は［　　］詞である。

2 次の□から動詞をそれぞれ選んで書きぬきなさい。（各4点×3＝12点）

(1) 楽しい　書く　複雑

(2) 作る　やがて　たくさん

(3) 寒い　ある　お客

3 次の――線部の動詞を言い切りの形にして、下の文の□に書き入れなさい。（各4点×3＝12点）

(1) 早く　帰り　たい。→ 早く［　る］。

(2) さあ、ここ　で　休も　う。→ ここで［　　］。

(3) この　中　から　一つ　選べ。→ 一つ［　　］。

4 次の――線部の動詞を言い切りの形にして書きなさい。（各3点×5＝15点）

(1) 早く　着け　ば　よかっ　た。

(2) 大木　が　ゆっくりと　倒《たお》れ　た。

(3) 十二時 に 彼《かれ》 が 来 た。

(4) 珍《めずら》しい 切手 を 集め たい。

(5) 土曜日 に 映画 を 見 よう。

5 次の文から動詞を探して↓の上に書きぬきなさい。また、その言い切りの形をその下に書きなさい。(5)は二組あります。)
(各3点×12＝36点)

(1) 買い物 に 行っ た。　［行］↓［　］

(2) まじめに 練習 を 続け よう。　［　］↓［　］

(3) 風 の 音 を 聞い た。　［　］↓［　］

(4) 熱い スープ を 飲ん だ。　［　］↓［　］

(5) 山 に 登ろ う と 思い ます。　［　］↓［　］　［　］↓［　］

確認❷ 動詞の働き

▼動詞は、それだけで、または他の語を伴《ともな》って、文中で次のような働きをする。

① 述語になる。 例 母が 笑う。（主語）（述語）

② 修飾語《しゅうしょくご》になる。 例 笑う 声が 聞こえた。

③ 「の」と「は」などを伴って主語になる。 例 笑うのは 母だ。（主語）

④ 「ので」などを伴って接続語になる。 例 笑うので、悔《くや》しい。（接続語）

＊文中での文節の働きについては、▼P12〜17を参照。

次の――線部は、文中で 述語・修飾語・主語・接続語 のうちのどの働きをしていますか。
(各3点×5＝15点)

(1) 弟が 大声で 呼ぶ。

(2) 弟の 呼ぶ 声が 聞こえた。

(3) 向こうで 呼ぶのは、僕《ぼく》の 弟だ。

(4) 呼ぶので、急いで 駆《か》けつけた。

(5) 兄は、弟を 呼びに 行った。

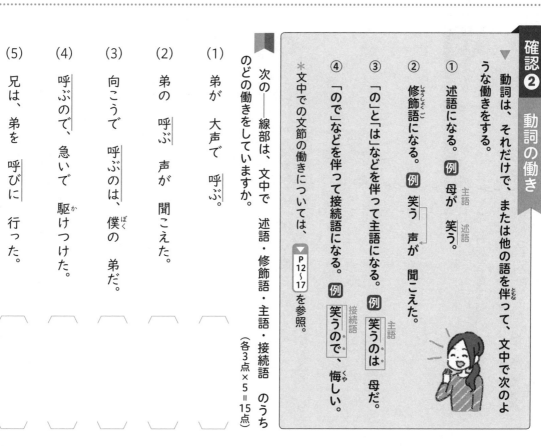

③ 動詞
動詞の種類

確認 ❶ 他動詞・自動詞

▼「何を」という対象を必要とする動詞を「他動詞」、「何を」を必要としない動詞を「自動詞」という。

例
- 切手を集める。（他動詞）
- 仲間が集まる。（自動詞）

＊「集める」「集まる」のように、すべての動詞に他動詞と自動詞があるとは限らない。「ある」「来る」などは対応する他動詞がなく、「読む」「書く」などは対応する自動詞がない。

1 次の（　）にあてはまる言葉を［　］から選んで書き入れなさい。（各3点×2＝6点）

(1) 水を（　　　）。（他動詞）

(2) 水が（　　　）。（自動詞）

［出る　出す］

2 次の――線部の動詞は、他動詞・自動詞 のうちのどちらですか。（各3点×4＝12点）

(1)
① カーテンの色を変える。（　　動詞）
② カーテンの色が変わる。（　　動詞）

(2)
① 店のドアが閉まる。（　　動詞）
② 店のドアを閉める。（　　動詞）

3 次の（　）に、自動詞または他動詞を書き入れなさい。（各3点×4＝12点）

(1) 会が始まる。（自動詞）↔ 会を（　　　）。（他動詞）

(2) 目が（　　　）。↔ 目を覚ます。

(3) 鐘《かね》が鳴る。↔ 鐘を（　　　）。

(4) 兄が（　　　）。↔ 兄を起こす。

4 次の［　］から他動詞を四つ選んで書きぬきなさい。（各3点×4＝12点）

［届く　わかす　増える　愛する　転ぶ　乱す　止まる　消える　来る　読む］

（　　　）・（　　　）
（　　　）・（　　　）

確認 ❷ 可能動詞

▼「～できる」という意味を表す動詞を「可能動詞」という。

例
- 駅まで五分で行ける。（行くことができる）
- 今度は絶対に勝てる。（勝つことができる）

1 次の――線部の動詞を可能動詞にして、下の文の□に書き入れなさい。（各3点×3＝9点）

(1) 空を飛ぶ。 → 空を［　　　］といいな。

(2) 野原で休む。 → ここならゆっくり［　　　］。

(3) 海で泳ぐ。 → 向こう岸まで［　　　］。

2 次の――線部の動詞を可能動詞にして書きなさい。（各3点×3＝9点）

(1) 字を書く。 〔　　　〕

(2) 荷物を運ぶ。 〔　　　〕

(3) ピアノをひく。 〔　　　〕

確認3 補助動詞（形式動詞）

▼ その動詞本来の意味がうすれ、上の文節を補助する働きをする動詞を「補助動詞（形式動詞）」という。

▼ 補助動詞の上の文節は「〜て」「〜で」の形になる。

例
（動詞）――（補助動詞）
・学校へ行く ―― 変えていく
・じっと見る ―― 食べてみる
・猫《ねこ》がいる ―― 笑っている

＊ほかに、「（〜て）くる」「（〜て）しまう」「（〜て）やる」「（〜て）おく」「（〜て）ある」なども、補助動詞である。

＊補助動詞は、ふつう、ひらがなで書く。

1 次のア・イの――線部のうち、補助動詞であるほうに○をつけなさい。（各3点×8＝24点）

(1) ア（　）図書館に行く。
イ（　）勉強の方法を変えていく。

(2) ア（　）一度会ってみる。
イ（　）登校時にいつも見る人だ。

(3) ア（　）大きな鳥が飛んでいる。
イ（　）珍《めずら》しい鳥が動物園にいる。

(4) ア（　）生徒が学校に来る。
イ（　）水かさが増してくる。

(5) ア（　）物置の奥《おく》にしまう。
イ（　）夕食前に宿題をやってしまう。

(6) ア（　）犬にえさをやる。
イ（　）小さな弟に本を読んでやる。

(7) ア（　）部屋をきれいに掃除《そうじ》しておく。
イ（　）下駄《げた》箱の上に人形を置く。

(8) ア（　）弟に買い物を頼《たの》んである。
イ（　）家には古い時計がある。

2 次の文章から、補助動詞を四つ書きぬきなさい。（各4点×4＝16点）

僕《ぼく》はどうしても恐竜《きょうりゅう》の骨が見たくて、博物館に行ってみることにした。大きな展示室いっぱいに恐竜の骨が置いてある。みんな熱心に見ている。写真を撮《と》ることができないので、とりあえずスケッチをしておく。

〔　　　〕・〔　　　〕・〔　　　〕・〔　　　〕

③ 動詞

動詞の活用形 1

学習内容

動詞を活用させたときの一つ一つの活用の形を「活用形」という。活用形には次の六つの形がある。
「未然形」「連用形」「終止形」「連体形」「仮定形」「命令形」

確認① 未然形

▼まだ起こっていない（未然）という意味を表す形を「未然形」という。
▼「ない（ぬ）・う（よう）・せる（させる）・れる（られる）」などに続く。

例
・「持つ」の未然形……「持た（ない）」「持と（う）」
・「落ちる」の未然形…「落ち（ない）」
・「する」の未然形……「し（ない）」「せ（ぬ）」「さ（せる）」

＊動詞によって、未然形の数が一つのものも、二つ・三つのものもある。

1 次の動詞の未然形を［　］に書き入れなさい。（各2点×8＝16点）

〈未然形〉

(1) 「語る」……彼《かれ》は何も［語］ない。／みんなで読書について［　］う。
(2) 「起きる」…まだ［　］ない。
(3) 「捨てる」…ごみを分別して［　］よう。
(4) 「来《く》る」……あの人はまだ［　］《こ》ない。
(5) 「する」……今日は練習を［　］ない。／おせっかいは［　］ぬほうがよい。／妹に手伝いを［　］せる。

2 次の文から動詞の未然形を書きぬきなさい。（各4点×6＝24点）

(1) 大きな 声 で 話そ う。　［話］
(2) 先 の こと は 考え ない。［　］
(3) 弟 を お使い に 行か せる。［　］
(4) いつ まで も 変化し ない。［　］
(5) 黄色 と 緑 を 混ぜ よう。［　］
(6) まもなく ここ に 来《こ》 よう。［　］

確認② 連用形(1)

▼用言（P33）、または「ます・た・て・たい」などに続く形を「連用形」という。

例
・「書く」の連用形……「書き（ます）」
・「起きる」の連用形…「起《き》き（ます）」
・「来る」の連用形……「来（ます）」
・「する」の連用形……「し（ます）」

1 次の動詞の連用形を□に書き入れなさい。（各2点×5＝10点）

(1)「読む」……（　　）弟は童話を□ます。

(2)「起きる」…（　　）昨日は早く□た。

(3)「受ける」…（　　）試験を□て合格した。

(4)「来る」……（　　）用事を済ませてから□《き》ます。

(5)「する」……（　　）好きなことを□たい。

2 次の文から動詞の連用形を書きぬきなさい。（各4点×5＝20点）

(1) 花 が かれ た。（　　）

(2) 二階 から いす を 運び ます。（　　）

(3) 屋根 から かわら が 落ち た。（　　）

(4) 早く 家 に 帰り たい。（　　）

(5) 勉強し て から 遊ぼ う。（　　）

参考

中止法《ちゅうしほう》　**連用形は、いったん文を中止するときに用いることがある。これを「中止法」という。**

例 雨が降り、風も強くなった。

確認3　連用形(2)　音便

▼五段活用 ▶P49 の動詞の連用形が「た(だ)・て(で)・たり(だり)」などに続くとき、その音が変わることがある。これを「音《おん》便《びん》」といい、次の三つの種類がある。

① イ音便《おんびん》…「書き(た)」→「書い(た)」のように、「イ」に変わる。

例 友達に手紙を書いた。

② 促音便《そくおんびん》…「行き(た)」→「行っ(た)」のように、「ッ」と、詰《つ》まる音(促音)になる。

例 昨日図書館へ行った。

③ 撥音便《はつおんびん》…「読み(た)」→「読ん(だ)」のように、「ン」とはねる音(撥音)になる。

例 本を読んだ。

1 □にあてはまるように「咲《さ》く」の連用形を書き入れなさい。（各3点×2＝6点）

(1)（　　）花が□ます。（「ます」に続く形）

(2)（　　）花が□た。（「た」に続く音便形）

2 次の動詞の連用形を二つずつ書きなさい。（各3点×8＝24点）

（「ます」に続く形）　（「た(だ)」に続く音便形）

(1)「浮《う》く」……（　　）ます・（　　）た

(2)「笑う」……（　　）ます・（　　）た

(3)「運ぶ」……（　　）ます・（　　）だ

(4)「変わる」…□ます・（　　）た

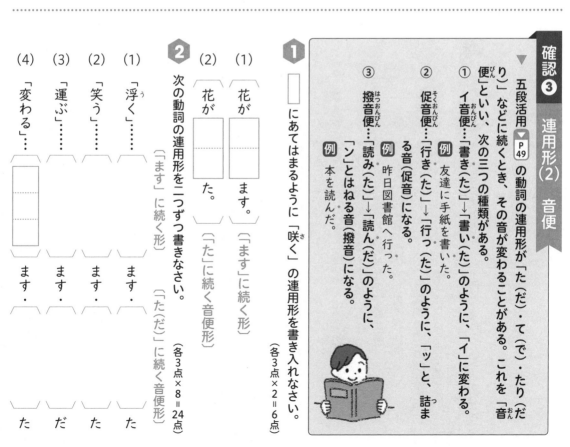

得点　／100点
学習日　月　日

確認① 終止形

▼言い切りの形。または「と・から・けれど」などに続く形。

例
- 荷物を持つ。（言い切りの形）
- 服を着ると、あたたかくなる。（「と」に続く）
- すぐに来るから、待とう。（「から」に続く）
- 練習をするけれど、上達しない。（「けれど」に続く）

次の――線部の動詞の終止形を、下の文の□に書き入れなさい。（各3点×4＝12点）

(1) 植え（たい）→〔花を□。〕　言い切りの形

(2) 待ち（ます）→〔ここで□と、よい。〕

(3) 行こ（う）→〔すぐ□から、そこにいて。〕

(4) 探さ（ない）→〔□けれど、見当たらない。〕

確認② 連体形

▼体言（名詞）や、「の・ので・のに」などに続く形。

例
- 荷物を持つ人。（体言に続く）
- 新しい服を着るのはうれしい。（「の」に続く）
- すぐに来るので、待とう。（「ので」に続く）
- 練習をするのに、上達しない。（「のに」に続く）

次の――線部の動詞の連体形を、下の文の□に書き入れなさい。（各4点×4＝16点）

(1) 植え（たい）→〔花を□る人。〕

(2) 待ち（ます）→〔□のは、いやだ。〕

(3) 行こ（う）→〔すぐ□ので、待っていて。〕

(4) 探さ（ない）→〔□のに、見つからない。〕

確認③ 終止形と連体形

▼終止形と連体形は、語の形は同じ。どんな言葉に続くかで見分ける。

① 終止形…言い切りの形。または「と・から・けれど」などに続く形。

② 連体形…体言に続く形。または「の・ので・のに」などに続く形。

例
- 船に乗る。（言い切りの形なので終止形）
- 船に乗る人。（体言「人」に続くので連体形）
- 雪が降ると、うれしい。（「と」に続くので終止形）
- 雪が降るので、うれしい。（「ので」に続くので連体形）

次の――線部の動詞の活用形は、終止形・連体形 のうちのどちらですか。（各3点×8＝24点）

(1)
① 赤と白で旗をぬる。〈言い切りの形〉　〔　　〕形
② 旗をぬるペンキを買う。　〔　　〕形

(2) ① 私が泣くと、妹も泣き出した。 〔　　〕形
② 私が泣くので、みんなが困った。 〔　　〕形

(3) ① それをするのは、僕《ぼく》の役目だ。 〔　　〕形
② 違反《いはん》をするからいけないんだ。 〔　　〕形

(4) ① よく勉強するのに、成績が悪い。 〔　　〕形
② よく勉強するけれど、よく遊ぶ。 〔　　〕形

確認❹ 仮定形

▼ 仮定(仮にそうしておくこと)の意味を表し、「ば」に続く形。

例
- すぐ行けば、間に合うよ。
- そうすればよかった。

次の動詞の仮定形を書きなさい。 (各2点×6＝12点)

(1) 「語る」 〔　　〕ば
(2) 「落ちる」 〔　　〕ば
(3) 「捨てる」 〔　　〕ば
(4) 「見る」 〔　　〕ば
(5) 「来る」 〔　　〕ば
(6) 「注意する」 〔　　〕ば

確認❺ 命令形

▼ 命令の意味を表して言い切る形。

例 ここでスリッパをぬげ。

▼ 命令形には、二つの形があるものがある。

例
- 早く起きろ。
- 早く起きよ。
- 用意をしろ。
- 用意をせよ。

次の動詞の命令形を□に書き入れなさい。 (各4点×9＝36点)

(1) 「話す」……もっとゆっくり□。
(2) 「置く」……棚《たな》の上に□。
(3) 「見る」……黒板をよく□ろ。／黒板をよく□。
(4) 「寄せる」……車を右に□。／車を右に□よ。
(5) 「来《く》る」……できるだけ早く□。
(6) 「整理する」……きれいに□しろ。／きれいに□。

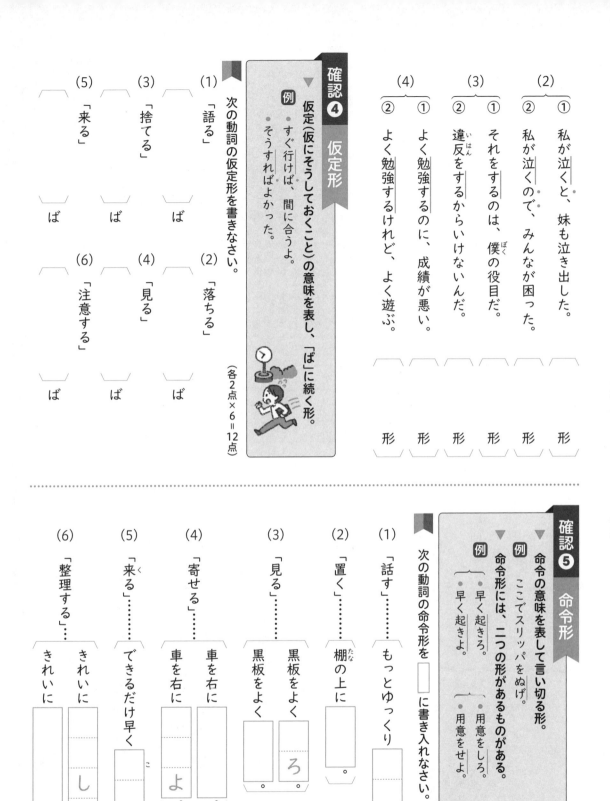

動詞の活用表／活用の種類

得点
／100点
学習日
月　日

確認❶ 動詞の活用表

▼動詞の活用形を整理した表を「活用表」という。

▼動詞は、語幹と活用語尾《かつようごび》からできている。動詞を活用させたとき、変化しない部分を「語幹」、変化する部分を「活用語尾」という。

例 「話す」は、「話さ・話し・話す…」などと活用するので、変化しない部分「話《はな》」が語幹、変化する部分「さ・し・す…」が活用語尾である。

「話す」の活用表

語幹	未然形	連用形	終止形	連体形	仮定形	命令形
	活用語尾					
はな	―さ ―そ	―し	―す	―す	―せ	―せ
主な続き方	ない・う（・よう）	ます・た・て	言い切る	とき こと	ば	命令の意味で言い切る

1 確認❶の「話す」の活用表を見て、次の活用形（語幹と活用語尾）を書きなさい。（各3点×7＝21点）

未然形（話　）ない・（話　）う

連用形（　）ます

終止形（　）。

連体形（　）とき

仮定形（　）ば

命令形（　）。

2 「落ちる」の活用表は次のようになります。この活用表についてあとの問いに答えなさい。（各3点×9＝27点）

語幹	未然形	連用形	終止形	連体形	仮定形	命令形
（　）	―ち	―ち	―ちる	―ちる	―ちれ	―ちろ ―ちよ

(1) 活用表の「ち・ち・ちる・ちる・ちれ…」のことを、動詞「落ちる」の何といいますか。漢字四字で答えなさい。［　　　　］

(2) （　）に入る「落ちる」の語幹をひらがな一字で書きなさい。（　）

(3) 右の活用表を参考にして、「落ちる」の活用形を書きなさい。

未然形（落　）ない

連用形（　）ます

終止形（　）。

連体形（　）とき

仮定形（　）ば

命令形（　）。・（　）。

確認❷ 動詞の活用の種類

動詞は、活用の仕方によって次の五種類に分けられる。

① 五段活用……活用語尾がアイウエオの五段に活用する。
② 上一段活用…活用語尾がイ段で活用する。
③ 下一段活用…活用語尾がエ段で活用する。
④ カ行変格活用（カ変）…カ行で特別な活用をする。「来る」のみ。
⑤ サ行変格活用（サ変）…サ行で特別な活用をする。「する」と、「愛する」「勉強する」など、「〜する」の形の動詞のみ。

活用の種類	例語	語幹	活用語尾 未然形	連用形	終止形	連体形	仮定形	命令形
五段活用	書く	か	ーか ーこ	ーき ーい＊1	ーく	ーく	ーけ	ーけ
上一段活用	起きる	お	ーき	ーき	ーきる	ーきる	ーきれ	ーきろ ーきよ
下一段活用	並べる	なら	ーべ	ーべ	ーべる	ーべる	ーべれ	ーべろ ーべよ
カ行変格活用	来る	＊2	こ	き	くる	くる	くれ	こい
サ行変格活用	する	＊2	し せ さ＊3	し	する	する	すれ	しろ せよ

＊1「書く」の連用形の「書い」は、音便形《おんびんけい》▼P45。
＊2「来る」「する」は、語幹と活用語尾の区別ができない。
＊3「せ」は「せ(ぬ)」、「さ」は「さ(れる)・さ(せる)」などと使う。

1 次の活用表の①〜⑥に、あてはまる活用語尾をひらがなで書きなさい。また、⑦・⑧には、あてはまる活用の種類を書きなさい。（各5点×8＝40点）

活用の種類	例語	未然形	連用形	終止形	連体形	仮定形	命令形
五段活用	巻く	ーか ーこ	ー（①） ーい	ーく	ーく	ー（②）	ーけ
上一段活用	信じる	ーじ	ー（③）	ーじる	ーじる	ー（④）	ーじろ ーじよ
下一段活用	決める	ーめ	ー（⑤）	ーめる	ー（⑥）	ーめれ	ーめろ ーめよ
（⑦）	来る	こ	き	くる	くる	くれ	こい
（⑧）	する	し せ さ	し	する	する	すれ	しろ せよ

① ［　　　］　② ［　　　］　③ ［　　　］
④ ［　　　］　⑤ ［　　　］　⑥ ［　　　］
⑦ ［　　　］活用　⑧ ［　　　］活用

2 次の表は、動詞「走る」と「借りる」の活用表です。①「走る」・②「借りる」の活用の種類をそれぞれ書きなさい。（各6点×2＝12点）

語	語幹	未然形	連用形	終止形	連体形	仮定形	命令形
①走る	はし	ーら ーろ	ーり ーっ	ーる	ーる	ーれ	ーれ
②借りる	か	ーり	ーり	ーりる	ーりる	ーりれ	ーりろ ーりよ

① ［　　　］活用
② ［　　　］活用

活用の種類の見分け方

得点　／100点
学習日　月　日

確認❶ 活用の種類の見分け方

▼カ行変格活用（カ変）の動詞は「来る」の一語のみ、サ行変格活用（サ変）の動詞は「する」と「〜する」のみなので、覚えておく。

▼その他の活用の種類は、未然形の活用語尾《かつようごび》が五十音図の何段の音かで判断する。具体的な方法としては、動詞に「ない」を付けてみて、直前の音で見分けるとよい。

①直前の音がア段の場合は五段活用。
例「話さ‖ない」→「さ」はア段の音⇒「話す」は五段活用

②直前の音がイ段の場合は上一段活用。
例「浴び‖ない」→「び」はイ段の音⇒「浴びる」は上一段活用

③直前の音がエ段の場合は下一段活用。
例「集め‖ない」→「め」はエ段の音⇒「集める」は下一段活用

1 次の［　］からカ変の動詞を一つ、サ変の動詞を二つ選んで書きぬきなさい。（各2点×3＝6点）

［去る　する　行く　来る　愛する］

カ変の動詞（　　　）
サ変の動詞（　　　）・（　　　）

2 次の表の（　）にあてはまる言葉を書き入れて、動詞の活用の種類を答えなさい。（各1点×9＝9点）

動詞	「ない」を付けた形	「ない」の直前の音	何段の音か	活用の種類
書く	書か—ない	か	ア段	五段活用
運ぶ	運ば—ない	①（　）	②（　）段	③（　）活用
試みる	試み—ない	④（　）	⑤（　）段	⑥（　）活用
当てる	当て—ない	⑦（　）	⑧（　）段	⑨（　）活用

3 ●のひらがなに注意して、次の——線部の動詞の活用の種類を［　］から選んで書きなさい。（各3点×4＝12点）

(1) 冬は山に登らない。（　　）活用

(2) 人の名前をなかなか覚えない。（　　）活用

(3) この本は人に貸さない。（　　）活用

(4) 自分に恥《は》じない生き方をしたい。（　　）活用

［五段　上一段　下一段］

4 次の動詞の「ない」の付く形を書き、活用の種類を答えなさい。（各2点×6＝12点）

(1) 「降りる」…（　　）ない・（　　）活用

(2) 「待つ」……（　　）ない・（　　）活用

(3) 「固める」…（　　）ない・（　　）活用

5 次の動詞を活用の種類別に分けて書きなさい。（各3点×8＝24点）

復習する　切れる　外す　伸《の》びる
立つ　育てる　来る　満ちる

(1) 五段活用（　　）・（　　）

(2) 上一段活用（　　）・（　　）

(3) 下一段活用（　　）・（　　）

(4) カ行変格活用（　　）

(5) サ行変格活用（　　）

6 次の——線部の動詞の活用の種類を書きなさい。（各3点×7＝21点）

(1) この菓子《かし》はよく売れるそうだ。（　　）活用

(2) スポーツの楽しさを学んだ。（　　）活用

(3) ボールが弧《こ》を描《えが》いて落ちた。（　　）活用

(4) 予防接種を受けさせる。（　　）活用

(5) 朝早く先生が来られた。（　　）活用

(6) 何回も繰《く》り返《かえ》した。（　　）活用

(7) 母と二人で旅行したい。（　　）活用

7 次の文章中の——線①～④の動詞の活用の種類を答えなさい。（各4点×4＝16点）

公園を通りかかった。ふとブランコに乗り①たくなって、だれもい②ない公園に入っていった。ブランコをゆすっていたら、小さいころ、母にしかられて家出をし③、泣きながらブランコをこいだことを思い出した。なぜしかられたのかは、どうしても思い出せ④なかった。

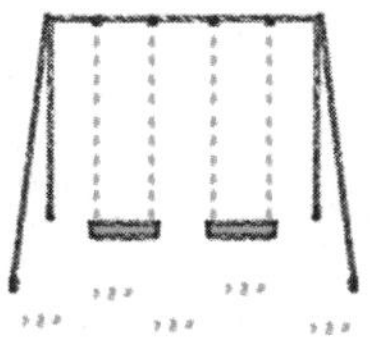

①（　　）活用　②（　　）活用

③（　　）活用　④（　　）活用

③動詞 まとめ

1 次の［　］から動詞を四つ選んで書きぬきなさい。（各2点×4＝8点）

場所　遠い　いる　さわやかだ　投書する
間違《まちが》える　かなり　飛べる　こんな　学習

［　］・［　］
［　］・［　］

2 次の文から動詞を探して↓の上に書きぬきなさい。また、その終止形を下に書きなさい。（各2点×12＝24点）

(1) 体力　さえ　あれ　ば、大丈夫《だいじょうぶ》だ。　［　］↓［　］

(2) 明るく　朗《ほが》らかな　人　が　求め　られる。　［　］↓［　］

(3) 今朝　は　早く　起き　た　ので、眠《ねむ》たい。　［　］↓［　］

(4) 大きな　声　で　先生　を　呼ん　だ。　［　］↓［　］

(5) 以後　十分　注意し　ます。　［　］↓［　］

(6) 明日　は　もっと　早く　来　よう。　［　］↓［　］

3 次の文から、可能動詞と補助動詞を一つずつ書きぬきなさい。（各2点×2＝4点）

〈今年は、五十メートル泳げるといいなと思っている。〉

可能動詞［　］

補助動詞［　］

4 次の――線部の動詞の活用形を、［　］から選んで書きなさい。（各3点×8＝24点）

(1) 小さい妹は、何も作らない。　［　］形

(2) 祖母は紙で人形を作ります。　［　］形

(3) 私と母も、紙で人形を作る。　［　］形

(4) 母が作る人形は、本当に愛らしい。　［　］形

(5) 父も作ればいいのに。　［　］形

得点　／100点
学習日　月　日

(6) 「よく見て作れ。」と父が言った。　（　　　）形

(7) 弟は、はにわを作った。　（　　　）形

(8) 次は象を作ろう。　（　　　）形

終止	連体	未然
連用	仮定	命令

5 次の――線部の動詞の活用の種類を、[　]から選んで書きなさい。（各3点×5＝15点）

(1) 室内では帽子《ぼうし》を取る。　（　　　）活用

(2) 対戦する相手は手ごわい。　（　　　）活用

(3) 新しい英単語を覚えた。　（　　　）活用

(4) 不正な手段を用いない。　（　　　）活用

(5) まだ谷《たに》さんは来ないよ。　（　　　）活用

五段	上一段	下一段
カ行変格	サ行変格	

6 次の文章を読んで、あとの問いに答えなさい。（各5点×5＝25点）

読書の楽しみの一つに、本を通じて作家と親しくなれるということがあります。

ですから、①私は一人の作家と出会ったとき、その人のⓐ書いた本を、少なくとも三冊は読み続けることにⓑしています。

一冊目は少し人見知りをします。二冊目になると、お互《たが》いの間の垣根《かきね》がなくなった感じがします。三冊目になると、相手の表現の癖《くせ》や感じ方もⓒわかって、もうすっかり友達です。

でも、この辺でおつきあいを②やめることもあります。その作家と気がⓓ合わないことがはっきりするからです。

(1) ――線①「私は一人の作家と出会ったとき」から、動詞を一語で書きぬきなさい。（　　　）

(2) ＝＝線ⓐ～ⓓのうち、他の三つと活用形が異なるものを選び、記号で答えなさい。（　　　）

(3) ――線②「やめる」と同じ活用形のものを次から選び、記号で答えなさい。（　　　）

ア 休憩《きゅうけい》するのは、五分後だ。

イ サッカーの練習をする。

ウ 日が照るから帽子をかぶろう。

(4) 文章中から可能動詞を書きぬき、その活用の種類を答えなさい。

可能動詞（　　　）　活用の種類（　　　）活用

得点　／100点
学習日　月　日

確認① 形容詞の性質

① **自立語で活用する。**

例 海〔自〕 から〔付〕／ふく〔自〕／風〔自〕 が〔付〕／すずしい〔自〕。→形容詞

（自＝自立語 付＝付属語）

↓「すずしい」は自立語で、「すずしく（ない）・すずしけれ（ば）」などと語形が変わる。

② **物事の性質や状態、人の感情などを表し、それだけで述語になることができる。**

例 ・雪は 白い。（性質）
・今夜の 月は 丸い。（状態）
・一人で いると さびしい。（人の感情）

③ **終止形** ▼P46 **が「い」で終わる。**

例 荷物が軽い。 優勝してうれしい。 その船は大きい。

1 次の――線部の単語について性質や品詞名を考えます。□にあてはまる言葉を確認①から書きぬきなさい。（各3点×5＝15点）

〈砂糖 は／あまい。〉

① それだけで一文節になっているので（　　語）であり、「あまく（ない）・あまけれ（ば）」などと（　　）する。

② 砂糖の性質を表し、この文の（　　語）になっている。

③ 終止形が「あまい」と、「　」で終わっている。

④ 「あまい」の品詞は（　　詞）である。

2 次の□から形容詞をそれぞれ選んで書きぬきなさい。（各3点×3＝9点）

(1) おかしい　積もる　簡潔　（　　）

(2) 身近　たいてい　安い　（　　）

(3) 係る　悲しい　売り物　（　　）

3 次の――線部の形容詞の終止形を、下の文の□に書き入れなさい。（各4点×3＝12点）

(1) 風が 強く なる。→（風が　　　。）

(2) 星が 美しかった。→（星が　　　。）

(3) 旅は 楽しかろう。→（旅は　　　。）

4 次の――線部の形容詞の終止形を書きなさい。（各4点×4＝16点）

(1) 北国は まだ 寒かろう。（　　）

(2) 色は あまり 薄《うす》く ない。（　　）

(3) 高い 場所は 怖《こわ》かった。（　　）

(4) 眠《ねむ》けれ ば、また 寝《ね》よう。（　　）

5 次の文から形容詞を探して↓の上に書きぬきなさい。また、その終止形を下に書きなさい。（各2点×8＝16点）

(1) 目を 丸くして 驚《おどろ》く。

(2) この 切手は とても 珍《めずら》しかろう。

(3) 荷物が 重ければ 持って やるよ。

(4) 井戸《いど》の 水は おいしかった。

6 次の文章から形容詞を三つ探して↓の上に書きぬきなさい。また、その終止形を下に書きなさい。（各2点×6＝12点）

小学生のころ、同じクラスに髪《かみ》の長い女の子がいました。その子は、なぜかA君にばかりやさしくするのでした。A君も初めは無関心を装《よそお》っていたのですが、実はその子のことが気になっていたので、うれしかったに違《ちが》いありません。

確認❷ 形容詞の働き

▼形容詞は、それだけで、または他の語を伴《ともな》って、文中で次のような働きをする。

① 述語になる。

例 音楽の 授業は 楽しい。

② 修飾語《しゅうしょくご》になる。

例 ・楽しい 番組を 見る。（連体修飾語 ▼P15）

・楽しく おどる。（連用修飾語 ▼P15）

③「の」と「は・が」などを伴って主語になる。

例 楽しいのは、君だけだ。

④「ので」などを伴って接続語になる。

例 楽しいので、帰りたくない。

次の——線部は、文中でどんな働きをしていますか。[ ]から選んで書きなさい。（各4点×5＝20点）

(1) 力が 強い。

(2) 強い 力で 綱《つな》を 引く。

(3) 綱を 強く 引く。

(4) 強いのは、君の 腕力《わんりょく》だ。

(5) 強いので、だれも かなわない。

主語 連体修飾語 連用修飾語 述語 接続語

補助形容詞／形容詞の活用

確認❶ 補助形容詞（形式形容詞）

▼その形容詞本来の意味がうすれ、上の文節を補助する働きをもつ形容詞を「補助形容詞（形式形容詞）」という。

例 （形容詞） ―― （補助形容詞）

- 新しい時計が欲《ほ》しい。 ―― 代わりに行ってほしい。
- あの二人は仲が良い。 ―― 好きなものを選んでよい。
- 買いたいものは無い。 ―― あまりうれしくない。

＊「欲しい」「良い」「無い」という本来の意味がうすれ、「ほしい」は「〜してもらいたい」、「よい」は「〜することを許す」、「ない」は上の言葉を打ち消す意味に使われている。

＊補助形容詞は、ふつう、ひらがなで書く。

1 次の（　）にあてはまる補助形容詞を、[　]からそれぞれ選んで書き入れなさい。（各4点×3＝12点）

(1) 全員に協力して（　　）と呼びかける。 [もらう　ほしい]

(2) お昼休みになったので、昼食をとって（　　）。 [くる　よい]

(3) 彼《かれ》は委員長にふさわしく（　　）と思う。 [ない　なる]

2 次のア・イの――線部のうち、補助形容詞であるほうに○をつけなさい。（各4点×4＝16点）

(1) ア（　）こんなすばらしい作品はない。
　　イ（　）試合に負けてもあまり悔《くや》しくない。

(2) ア（　）荷物があまり重くない。
　　イ（　）本がないので探そう。

(3) ア（　）いっしょに考えてほしい。
　　イ（　）ほしい物を言ってください。

(4) ア（　）よい参考書で勉強しよう。
　　イ（　）練習中に水を飲んでよい。

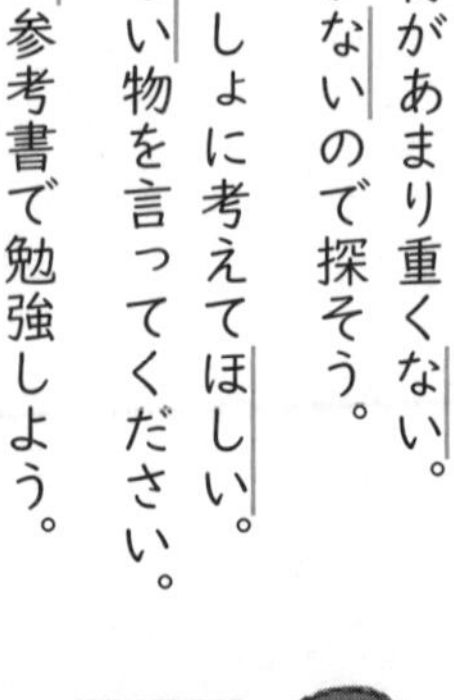

3 次の――線部の語は、ア形容詞、イ補助形容詞のうちのどちらですか。記号で答えなさい。（各3点×6＝18点）

(1) 忙《いそが》しくて会う時間がない。（　　）

(2) 行ってよいか聞いてみよう。（　　）

(3) 帽子《ぼうし》がほしいと思った。（　　）

(4) 質のよい製品を作りたい。（　　）

(5) 買ってほしい物を選ぶ。（　　）

(6) 失敗しても恥《は》ずかしくない。（　　）

確認❷ 形容詞の活用

▼形容詞も動詞のように活用する（あとに続く言葉によって形が規則的に変わる）▼P31。

例 青い
- 未然形…青かろ—う
- 連用形…青かっ—た・青く—なる
- 終止形…青い。（言い切る形）
- 連体形…青い—とき
- 仮定形…青けれ—ば（仮定することを表す）
- 命令形…（なし）

＊形容詞の活用は一種類のみ。
＊形容詞には命令形がない。

1 次の□に形容詞「赤い」を活用させて書き入れなさい。（各3点×6＝18点）

(1) 新鮮《しんせん》なトマトの色は、もっと〔　　〕う。
(2) 寒さのせいで、弟の耳が〔　　〕た。
(3) 恥ずかしくて、顔が〔　　〕なる。
(4) 本山《もとやま》さんは、着てくる服がいつも〔　　〕。
(5) 〔　　〕色のサインペンを探す。
(6) 壁《かべ》の色が〔　　〕ば、よく目立つよ。

2 次の〔　〕に言葉を書き入れて、形容詞を活用させなさい。（各3点×12＝36点）

(1) 大きい
- 未然形…〔　　〕う
- 連用形…〔　　〕た／〔　　〕なる
- 終止形…〔　　〕。
- 連体形…〔　　〕とき
- 仮定形…〔　　〕ば
- 命令形…（なし）

(2) 新しい
- 未然形…〔　　〕う
- 連用形…〔　　〕た／〔　　〕なる
- 終止形…〔　　〕。
- 連体形…〔　　〕とき
- 仮定形…〔　　〕ば
- 命令形…（なし）

④ 形容詞

形容詞の音便／形容詞の活用表／まとめ

得点　／100点
学習日　月　日

確認① 形容詞の音便

① 形容詞の連用形は、用言や「た・ない・なる」などに続く形で、「〜かっ」「〜く」の二つの形がある。

例 暑かっ―た
　 暑く―なる
　 おもしろかっ―た
　 おもしろく―なる

② 「ございます」や「存じます」に続く連用形の場合、「く」が「う」に変わることがある。これを「ウ音便《おんびん》」という。

例 暑く → 暑う―ございます
　 おもしろく → おもしろう―存じます

③ また、「く」が「う」に変わるとともに、その前の音も変わるものがある。

例 つめたく → つめとう―ございます
　 うれしく → うれしゅう―存じます

1 次の形容詞の連用形を、すべてひらがなで書きなさい。（各1点×5＝5点）

(1) 「広い」……高校の体育館は［ひろ　　］た。
(2) 「広い」……部屋が［ひ　　］なる。
(3) 「広い」……お庭が［　　］ございます。
(4) 「高い」……値段が［　　］ございます。
(5) 「おいしい」…米が［　　］存じます。

2 次の形容詞の連用形を書きなさい。（各1点×3＝3点）

・恥《は》ずかしい
［恥　　］た・［　　］なる
［　　］ございます

確認② 終止形と連体形

形容詞の終止形と連体形は語の形が同じである。ただし、あとに続く言葉が終止形と連体形では異なる。

① 終止形…言い切りの形であるか、「と・から・けれど」などに続く。

例 ・この池は深い。（言い切りの形なので終止形）
　 ・この池は深いと思う。（「と」に続くので終止形）

② 連体形…体言 ▼P32 や、「の・ので・のに」などに続く。

例 ・深い池の周りを歩く。（体言「池」に続くので連体形）
　 ・この池が深いのはなぜですか。（「の」に続くので連体形）

次の――線部の形容詞は、終止形・連体形のうちのどちらですか。（各1点×4＝4点）

(1) 彼女《かのじょ》は、とても美しい。〈言い切りの形〉［　　］形
(2) 美しい景色をながめる。〈体言に続く〉［　　］形
(3) 東京から遠いのに、よく来たね。［　　］形
(4) 距離《きょり》が遠いから、バスで行きましょう。［　　］形

確認❸ 形容詞の活用表

▼形容詞の活用をまとめると、次のような活用表ができる。

例 「美しい」と「強い」の活用表

語幹	未然形	連用形	終止形	連体形	仮定形	命令形
美し 強	―かろ	―かっ ―く ―う	―い	―い	―けれ	○
主な続き方	う	た ない・なる ございます	言い切る	とき ので	ば	

＊語幹 ▼P48 は、「美し」のように「し」の付くものと、「強」のように「し」の付かないものがある。
- ・語幹に「し」の付くもの…寂《さび》しい・うれしい・悲しい　など
- ・語幹に「し」の付かないもの…大きい・重い・弱い　など

＊形容詞には命令形がないので、活用表の命令形の欄《らん》に○をかく。
＊連用形は、ウ音便《おんびん》の「―う」を合わせると、三つになる。

1 次の形容詞の語幹をひらがなで書きなさい。（各1点×5＝5点）

(1) 「悲しい」……（か　）くない　→連用形の活用語尾《かつようごび》
(2) 「うるさい」……（　）くない
(3) 「正しい」……（　）くない
(4) 「大きい」……（　）くない
(5) 「うらやましい」…（　）くない

2 次の（　）にあてはまる形容詞の活用語尾を、［　］から選んで書き入れなさい。（各1点×6＝6点）

(1) その机は、きっと重（　）う。
(2) 運んだ荷物は、だいぶ重（　）た。
(3) 赤ちゃんの体重が重（　）なった。
(4) 荷物が、たいへん重（　）ございました。
(5) 家に重（　）荷物が届きました。
(6) そんなに重（　）ば、僕《ぼく》が持つよ。

［ く　い　けれ　かっ　う　かろ ］

3 次の（　）にあてはまる形容詞の活用語尾を書き入れなさい。（各1点×6＝6点）

(1) 彼《かれ》は、だれにでもやさし（　）。〈終止形〉
(2) 小島《こじま》君は、やさし（　）笑って言った。〈連用形〉
(3) 彼女は、いつもやさし（　）た。〈連用形〉
(4) たぶん、性格もやさし（　）う。〈未然形〉
(5) もう少しやさし（　）ばいいなあ。〈仮定形〉
(6) 花を見ると、やさし（　）心になる。〈連体形〉

（次ページに続く）

4 次の形容詞の活用表の（　）にあてはまる言葉を書きなさい。（各1点×11＝11点）

(1) 「寒い」の活用表

語幹	未然形	連用形	終止形	連体形	仮定形	命令形
寒	かろ	かっ（①） （②）	い	（③）	けれ	○
主な続き方	う	た ない・なる ございます	言い切る	とき ので	ば	／

①（　　）　②（　　）　③（　　）

(2) 「楽しい」の活用表

語幹	未然形	連用形	終止形	連体形	仮定形	命令形
楽し	（①）	（②） く う	い	い	（③）	○
主な続き方	う	た ない・なる ございます	言い切る	とき ので	ば	／

①（　　）　②（　　）　③（　　）

(3) 「軽い」の活用表

語幹	未然形	連用形	終止形	連体形	仮定形	命令形
軽	（①）	かっ く （②）	（③）	（④）	（⑤）	○

①（　　）　②（　　）　③（　　）　④（　　）　⑤（　　）

5 次の――線部の形容詞の活用形を書きなさい。（各2点×7＝14点）

(1) うれしい知らせが飛びこむ。　（　　）形

(2) やっと春が来たのでうれしい。　（　　）形

(3) うれしかった思い出を語り合う。　（　　）形

(4) 孫が誕生してうれしゅうございます。　（　　）形

(5) みんなが騒《さわ》ぐほどうれしくない。　（　　）形

(6) 本当にうれしければ、笑顔《えがお》のはずだ。　（　　）形

(7) あこがれの人に会えてうれしかろう。　（　　）形

6 次の文から形容詞を探して上に書きぬきなさい。また、その活用形を下に書きなさい。（(3)は二つあります。）（各2点×8＝16点）

(1) 夏も終わり、涼《すず》しくなってきた。

形容詞（　　）　活用形（　　）形

(2) 彼《かれ》は、かなり眠《ねむ》かろうに、まだ勉強を続けるみたいだよ。

形容詞（　　）　活用形（　　）形

(3) 天気がよければ、ピクニックももっと楽しいのに。

形容詞（　　）　活用形（　　）形

形容詞（　　）　活用形（　　）形

「形容詞」まとめ

1 次の文章から形容詞を三つ探して↓の上に書きぬきなさい。また、その終止形を下に書きなさい。（各1点×6＝6点）

最近仕事が忙《いそが》しくなり、疲《つか》れも相当たまっているので、せっかく友達が電話をかけてきてくれても、話がはずまず、時間も極端《きょくたん》に短かった。そんなとき、もう少し若ければこんなことにはならないだろう、と思ってしまう。

（　　）→（　　）
（　　）→（　　）
（　　）→（　　）

2 次の（　）に、形容詞「美しい」を活用させて書き入れなさい。（各2点×6＝12点）

(1) 未然形…実際に見る朝日はきっと（美　）う。
(2) 連用形…美術館の絵画はどれも（　　）た。
(3) 連用形…彼女《かのじょ》は、みるみる（　　）なる。
(4) 終止形…そのままでも十分（　　）と思う。
(5) 連体形…（　　）ので、ずっと眺《なが》めていたい。
(6) 仮定形…字が（　　）ば、見やすいのになあ。

---

3 次の文章を読んで、あとの問いに答えなさい。（各2点×6＝12点）

例えば「机がある。」という文があるとします。この文の反対の意味を表すものは、「机がない。」になると思います。ちょっとおもしろい①と思いませんか？　なぜなら、この場合、「ある」は動詞なのに、「ない」は形容詞だからです。ふつうは、「行く↔帰る」（動詞）、「長いⓐ↔短い」（形容詞）のように、対義語は同じ品詞で表します。

このように、「ある↔ない②」は珍《めずら》しいⓑ関係ですが、だからといって対義語としてふさわしくないあというわけではありません。むしろ、このようなふつうではなかろう③部分から、言葉の本当の姿が見えてくるのかもしれません。

(1) ——線①～③の形容詞の活用形を書きなさい。

①（　　）形　②（　　）形　③（　　）形

(2) 〰〰線ⓐ・ⓑの形容詞は、連用形を音便《おんびん》の形にするとどのようになりますか。「ございます」に続くように、ひらがなで書きなさい。

ⓐ（な　　）ございます
ⓑ（　　）ございます

(3) ＝＝線あは補助形容詞です。次のア～ウの——線部のうち、補助形容詞であるものに○をつけなさい。

ア（　）ボールペンのインクがほとんどない。
イ（　）信用のない人に仕事は任せられない。
ウ（　）憎《にく》まれ口をたたく子はかわいくない。

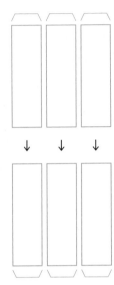

⑤ 形容動詞

形容動詞の性質と働き

確認❶ 形容動詞の性質

① 自立語で活用する。

例 天気（自）　が（付）／昨日（自）　より（付）／おだやかだ（自）。→形容動詞

（自＝自立語　付＝付属語）

→「おだやかだ」は自立語で、「おだやかで（ない）・おだやかなら（ば）」などと語形が変わる。

② 物事の性質や状態、人の感情などを表し、それだけで述語になることができる。

例
- 彼《かれ》は　いつも　親切だ。（性質）
- 田園の　風景は　大変　のどかだ。（状態）
- 一人で　帰るのは　いやだ。（人の感情）

③ 終止形が「だ」・「です」（「だ」の丁寧《ていねい》な言い方）で終わる。

例 きれいだ・簡単だ・きれいです・簡単です

1 次の――線部の単語について性質や品詞名を考えます。□にあてはまる言葉を確認❶から書きぬきなさい。（各2点×5＝10点）

〈夜　の／公園　は／静かだ。〉

① それだけで一文節になっているので［　　］語であり、「静かで（ない）・静かなら（ば）」などと［　　］する。

② 夜の公園の状態を表し、この文の［　　］語になっている。

③ 終止形が「静かだ」と、「［　］」で終わっている。

④ 「静かだ」の品詞は［　　］詞である。

2 次の⋯から形容動詞をそれぞれ選んで書きぬきなさい。（各4点×3＝12点）

(1) 怒《おこ》る　さわやかだ　大きい
(2) 豊かだ　喜び　すぐに
(3) 出す　そして　活発です

3 次の――線部の形容動詞の終止形を、下の文の□に書き入れなさい。（各3点×3＝9点）

(1) 車　が　便利に　なる。→車は［　　］。
(2) 好きな　本　を　読む。→本が［　　］。
(3) 一日　静かでし　た。→一日［　　］。

4 次の――線部の形容動詞の終止形を書きなさい。（各3点×4＝12点）

(1) その　態度　は　立派で　ある。
(2) 豪華《ごうか》な　料理　を　食べる。
(3) 必要なら　ば、買お　う。
(4) 空気　が　きれいでし　た。

5 次の文から形容動詞を探して↓の上に書きぬきなさい。また、その終止形を下に書きなさい。（各3点×8＝24点）

(1) だれ も い ない 校舎 は 静かだろ う。

(2) 日本 の 自然 は とても 豊かでしょ う。

(3) 現場 に 明らかな 証拠《しょうこ》 が あっ た。

(4) 父 は いつも のんきに 見える。

6 次の文章から形容動詞を三つ探して↓の上に書きぬきなさい。また、その終止形を下に書きなさい。（各3点×6＝18点）

百メートル走のスタートでちょっと出遅《でおく》れてしまった。僕《ぼく》は遅れを取《と》り戻《もど》そうと懸命《けんめい》な追い上げを開始したものの、わずかに及《およ》ばず二位でゴールした。少し悔《くや》しかったけれど、全力を出したので、この結果には満足だった。

確認❷ 形容動詞の働き

▼**形容動詞は、それだけで、または他の語を伴《ともな》って、文中で次のような働きをする。**

① **述語になる。**

例 部屋が きれいだ。

② **修飾語《しゅうしょくご》になる。**

例 ・きれいな ハンカチを 使う。（**連体修飾語** ▶P15）

・部屋を きれいに 片づける。（**連用修飾語** ▶P15）

③ **「の」と「は・が」などを伴って主語になる。**

例 きれいなのは、君の 手だ。

④ **「ので」などを伴って接続語になる。**

例 きれいなので、写真に とろう。

次の――線部は、文中でどんな働きをしていますか。［　］から選んで書きなさい。（各3点×5＝15点）

(1) 彼《かれ》の 性格は おおらかだ。

(2) おおらかな ところが 長所だ。

(3) 物事を おおらかに 考える。

(4) おおらかなのは、彼の 性格だ。

(5) おおらかなので、気に しない。

主語　連体修飾語　連用修飾語　述語　接続語

⑤形容動詞

得点 ／100点

学習日 月 日

確認❶ 形容動詞の活用(1)

▼終止形が「―だ」の形容動詞は、次のように活用する。

例 静かだ
- 未然形…静かだろ―う
- 連用形…静かだっ―た・静かで―ない・静かに―なる
- 終止形…静かだ。(言い切る形)
- 連体形…静かな―とき
- 仮定形…静かなら―ば(仮定することを表す)
- 命令形…(なし)

＊終止形が「―だ」の形容動詞には、命令形がない。

次の〔 〕に言葉を書き入れて、形容動詞「きれいだ」を活用させなさい。(各2点×5＝10点)

きれいだ
- 未然形…〔 〕う
- 連用形…〔 〕なる／きれいだっ(た)／きれいで(ない)
- 終止形…〔 〕。
- 連体形…〔 〕とき
- 仮定形…〔 〕ば
- 命令形…(なし)

確認❷ 形容動詞の活用(2)

▼終止形が「―です」の形容動詞は、次のように活用する。

例 静かです
- 未然形…静かでしょ―う
- 連用形…静かでし―た
- 終止形…静かです。
- 連体形…静かです―ので
- 仮定形…(なし)
- 命令形…(なし)

＊終止形が「―です」の形容動詞には、仮定形と命令形がない。

次の〔 〕に言葉を書き入れて、形容動詞「きれいです」を活用させなさい。(各2点×3＝6点)

きれいです
- 未然形…〔 〕う
- 連用形…〔 〕た
- 終止形…きれいです。
- 連体形…〔 〕ので
- 仮定形…(なし)
- 命令形…(なし)

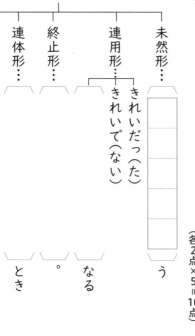

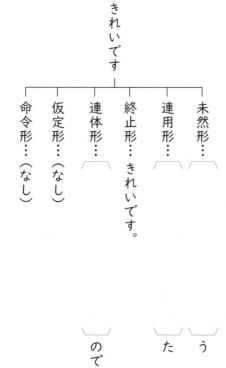

確認③ 形容動詞の活用表

▼ **形容動詞の活用をまとめると、次のような活用表ができる。**

例 「暖かだ」「暖かです」の活用表

例語	語幹	未然形	連用形	終止形	連体形	仮定形	命令形
暖かだ	暖か	—だろ	—だっ —で —に	—だ	—な	—なら	○
暖かです	暖か	—でしょ	—でし	—です	—です	○	○
主な続き方		う	た ない なる	言い切る	とき ので	ば	

＊形容動詞には命令形がないので、活用表の命令形の欄《らん》に○をかく。（終止形が「—です」の形容動詞は、仮定形もないので、仮定形の欄にも○をかく。）

＊形容動詞の語幹は、終止形から「だ・です」を除いた形になる。

1 次の形容動詞の語幹を書きなさい。（各1点×3＝3点）

(1) 「静かだ」……（　　）

(2) 「のどかだ」…（　　）

(3) 「正直です」…（　　）

参考

「同じだ」が体言に続くときは、語幹だけになる。

例 同じ電車に乗る。

＊ただし、「同じ」を連体詞 ▼P78 とする考え方もある。

---

2 次の（　）にあてはまる形容動詞の活用《かつよう》語尾《ごび》を、□から選んで書き入れなさい。（各1点×7＝7点）

(1) お祭りの日は、とてもにぎやか（　　）う。

(2) 人が大勢集まってにぎやか（　　）た。

(3) 神社の境内《けいだい》は、いつもはにぎやか（　　）ない。

(4) 夕方になると、商店街はにぎやか（　　）なる。

(5) 文化祭の当日、校内はどこもにぎやか（　　）。

(6) 聞こえてくるのは、にぎやか（　　）曲だ。

(7) にぎやか（　　）ば、行ってみようかな。

な　で　だろ　なら　に　だっ　だ

3 次の（　）にあてはまる形容動詞の活用語尾を、□から選んで書き入れなさい。（各2点×3＝6点）

(1) 初もうでの時期は、毎年にぎやか（　　）う。

(2) 昨年よりも今年のほうがにぎやか（　　）た。

(3) 新しい店が開店して、だいぶにぎやか（　　）。

です　でしょ　でし

（次ページに続く）

4 次の形容動詞の活用表の（　）にあてはまる言葉を書きなさい。（各1点×10＝10点）

(1) 「豊かだ」の活用表

語幹	未然形	連用形	終止形	連体形	仮定形	命令形
豊か	（①）	だっ で （②）	だ	（③）	なら	○
主な続き方	う	た ない なる	言い切る	とき ので	ば	／

①［　　］　②［　　］　③［　　］

(2) 「豊かです」の活用表

語幹	未然形	連用形	終止形	連体形	仮定形	命令形
豊か	（①）	（②）	（③）	です	○	○
主な続き方	う	た	言い切る	ので	／	／

①［　　］　②［　　］　③［　　］

(3) 「元気だ」の活用表

語幹	未然形	連用形	終止形	連体形	仮定形	命令形
（①）	だろ	（②） （③） に	だ	な	（④）	○

①［　　］　②［　　］

③［　　］　④［　　］

5 次の――線部の形容動詞の活用形を書きなさい。（各2点×10＝20点）

(1) 心配なのは、明日の天気だ。［　　］形

(2) 日本の将来が心配になる。［　　］形

(3) 無事に帰ってくるか心配だった。［　　］形

(4) 父が無理をしていないか心配です。［　　］形

(5) 病状についてそれほど心配でない。［　　］形

(6) 心配ならば、様子を見てくるよ。［　　］形

(7) 実をいうと大変心配でした。［　　］形

(8) 親なら、子供のことが心配だろう。［　　］形

(9) かさを持っていないと心配でしょう。［　　］形

(10) 兄さんは、妹のことが心配だと思う。［　　］形

6 次の文から形容動詞を二つ探して上に書きぬきなさい。またその活用形を下に書きなさい。（各1点×4＝4点）

〈彼《かれ》の実力が確かならば、志望校の合格は確実でしょう。〉

形容動詞［　　］　活用形［　　］形

形容動詞［　　］　活用形［　　］形

「形容動詞」まとめ

1 次の文章から形容動詞を二つ探して↓の上に書きぬきなさい。また、その終止形を下に書きなさい。（各1点×4＝4点）

翌日を迎《むか》えるのがいやになることがあります。さまざまな理由が考えられますが、こういうとき、決まって考えます。もがこうと何をしようと、朝はやってくるのだ、と。

〔　　〕↓〔　　〕

〔　　〕↓〔　　〕

2 次の〔　〕に形容動詞「便利だ」を活用させて書き入れなさい。（各2点×7＝14点）

(1) 未然形…新発売の商品は、かなり〔　　〕う。

(2) 連用形…古い時計でも、十分に〔　　〕た。

(3) 連用形…思ったほど〔　　〕ない。

(4) 連用形…改良を重ねれば、より〔　　〕なる。

(5) 終止形…車は〔　　〕けれど、少しは歩こう。

(6) 連体形…〔　　〕機械は、これからも増える。

(7) 仮定形…そんなに〔　　〕ば、君にあげるよ。

3 次の文章を読んで、あとの問いに答えなさい。（各2点×8＝16点）

昨日はとても暖かな㋐日だった。心地《ここち》よい風も吹《ふ》いてきて、気持ちがよかった㋑。私は、犬を連れて川原を散歩していた。するとあ同じクラスでサッカー部の川本君が一人でダッシュを繰《く》り返《かえ》していた。

「あれ、どうしたの。」と私が言うと、「足が速ければ㋒、レギュラーに近づけるからね。まあ、そう簡単ではないけどね。」と教えてくれた。その表情は真剣《しんけん》だった㋓。

クラスではお調子者の川本君だけど、レギュラーを取るために人知れず努力をしている。その必死な①姿を見て、何だか川本君がすてきに②見えた。

(1) ═線㋐〜㋓を形容詞と形容動詞に分け、それぞれ記号で答えなさい。

ヒント 終止形に直してみる。

形容詞〔　　〕・〔　　〕

形容動詞〔　　〕・〔　　〕

(2) 〰線部「簡単で」の品詞名と終止形を書きなさい。

品詞名〔　　〕　終止形〔　　〕

(3) ──線①・②の形容動詞の活用形を書きなさい。

ヒント 体言に続いていれば連体形。用言に続いていれば連用形。

①〔　　〕形　②〔　　〕形

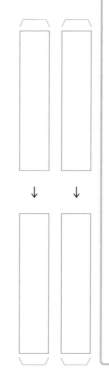

◆活用のある自立語 まとめ

得点 ／100点

学習日 月 日

確認❶ 活用のある自立語

▼活用のある自立語とは、動詞・形容詞・形容動詞の三つ。

① 動詞…動作・作用・存在を表し、終止形はウ段の音で終わる。

例 書く・起きる・考える・来る・する

② 形容詞…性質・状態などを表し、終止形は「い」で終わる。

例 強い・弱い・うれしい・こわい・楽しい

③ 形容動詞…性質・状態などを表し、終止形は「だ」・「です」で終わる。

例 さわやかだ・おだやかだ・確かだ・当然です・いやです

1 次の――線部の単語は、**ア**動詞、**イ**形容詞、**ウ**形容動詞 のうちのどれですか。記号で答えなさい。（各2点×6＝12点）

(1) 四月になると、公園の桜が咲《さ》く。

(2) 新学期は、みんなのノートも新しい。

(3) 母がいないと、家の中が静かだ。

(4) 健康であるだけで幸せだと、祖母は言う。

(5) あの選手の態度は、見るからに頼《たの》もしい。

(6) 翌日学校で習うところを予習する。

2 次の――線部の単語の終止形を上に書きなさい。また、品詞名は、**ア**動詞、**イ**形容詞、**ウ**形容動詞 のうちのどれですか。下に記号で答えなさい。（各2点×12＝24点）

(1) もう少し安ければ買うのになあ。 終止形　記号

(2) 楽な方法を選んでやればいい。 終止形　記号

(3) 「明日は早く来いよ。」と念をおされた。 終止形　記号

(4) 駅から歩いて帰った。 終止形　記号

(5) ぱっとはなやかになった。 終止形　記号

(6) 多少遠かろうが私は必ず行く。 終止形　記号

確認❷ 補助用言（形式用言）

▼補助動詞（形式動詞）と補助形容詞（形式形容詞）をまとめて、「補助用言（形式用言）」という。これらは、品詞的には動詞または形容詞だが、その言葉本来の意味がうすれ、上の文節を補助する働きをする。

① 補助動詞

例 食べてみる・吹《ふ》いている・読んでしまう

② 補助形容詞

例 探してほしい・食べてよい・楽しくない

次の文中の補助用言に――線を引きなさい。また、それは、**ア**補助動詞、**イ**補助形容詞 のうちのどちらですか。記号で答えなさい。（完答各5点×5＝25点）

(1) もっと大きな声で話してほしい。

(2) やさしい問題をまず、解いてしまう。　[　　]

(3) 次第《しだい》に嵐《あらし》がおさまってくる。　[　　]

(4) 今日はそれほど暑くない。　[　　]

(5) その事実はだれでも知っている。　[　　]

確認③ 動詞・形容詞・形容動詞の活用

① **動詞**

・活用の種類は、五段活用・上一段活用・下一段活用・カ行変格活用(カ変)・サ行変格活用(サ変)の五種類。

・活用形は、未然形・連用形・終止形・連体形・仮定形・命令形。

② **形容詞**

・活用の種類は一種類で、命令形がない。

③ **形容動詞**

・形容動詞の活用は、「―だ」の形と「―です」の形の二種類で、「―だ」には命令形が、「―です」には仮定形と命令形がない。

1 次の――線部の品詞名と活用形をそれぞれ[　]から選び、品詞名を上に、活用形を下に記号で答えなさい。(各2点×6＝12点)

〈こんなに①きれいな蝶《ちょう》は、②見たことが③ない。〉

① [　　] [　　]　② [　　] [　　]　③ [　　] [　　]

【品詞名】　ア 動詞　イ 形容詞　ウ 形容動詞

【活用形】　a 未然形　b 連用形　c 終止形　d 連体形　e 仮定形　f 命令形

2 次の文章を読んで、あとの問いに答えなさい。(各3点×9＝27点)

ⓐ電車が止まると、狭《せま》いドアから人々がどっと押し出《おだ》され、四方八方に散らばる。ⓑ一方、ホームにいた人たちはドアの中に吸《す》い込《こ》まれるように消えていく。

通勤時間帯のホームに立って電車を見ていると、「人波が電車からⓒはき出される」「電車に飲み込まれる」という言葉がしみじみと実感される。

人々を飲み込んだくせに、電車は、何食わぬ顔で走り去る。曲がりくねった線路を音をⓓ立てて遠ざかる姿を見ていると、やはり電車は巨大《きょだい》な生き物だと思う。

(1) ――線ⓐの文から形容詞を書きぬきなさい。また、その活用形を書きなさい。

形容詞 [　　]　活用形 [　　] 形

(2) ――線ⓑの文から補助動詞を書きぬきなさい。

[　　]

(3) ――線ⓒ「はき出さ」、ⓓ「立て」の活用の種類と活用形をそれぞれ書きなさい。

ⓒ 活用の種類 [　　] 活用　活用形 [　　] 形

ⓓ 活用の種類 [　　] 活用　活用形 [　　] 形

(4) この文章中から形容動詞を書きぬきなさい。また、その活用形を書きなさい。

形容動詞 [　　]　活用形 [　　] 形

⑥ 副詞 副詞の性質と働き

確認① 副詞の性質と働き

① 自立語で活用しない。

例 雨（自） が（付）／ザーザーと（自）／降る（自）。 → 副詞

→「ザーザーと」は自立語で、あとに続く言葉によって語形が変わらない。

（自＝自立語 付＝付属語）

② 状態（どのように）や程度（どのくらい）を表す。

例
・お日様が さんさんと 照る。（どのように）
・人が たくさん いる。（どのくらい）

③ 単独で主語や述語などになれず、主に連用修飾語《れんようしゅうしょくご》 P15 になる。

例
・にっこりと ほほえむ。（動詞の文節を修飾）
・今日は とても 寒い。（形容詞の文節を修飾）
・海が 大変 おだやかだ。（形容動詞の文節を修飾）

1 次の＝線部の単語について性質や品詞名を考えます。□にあてはまる言葉を確認①から書きぬきなさい。（各3点×5＝15点）

〈道 を／ゆっくり／歩く。〉

① それだけで一文節になっているので □□語 であり、□□ しない。

② どのように歩くのかという □□ を表している。

③ それだけでは主語や述語などになることができず、この文では、「歩く」を修飾する □□□□語 になっている。

④ 「ゆっくり」の品詞は □詞 である。

2 次の文から、副詞を探して□に書きぬきなさい。（各5点×2＝10点）

(1) 雷《かみなり》が いきなり 鳴り出した。
（どのように） □ 鳴り出した。

(2) チケットは ほとんど 残って いない。
（どのくらい） □ 残っていない。

3 次の〜〜線部の副詞が修飾している言葉を一文節で書きぬきなさい。（各3点×5＝15点）

(1) 本を じっくり 読む。 じっくり → （　）

(2) 水が 大変 冷たい。 大変 → （　）

(3) 朝の 森は かなり 静かだ。 → （　）

(4) 逃《に》げた 犯人に すぐに 追いつく。 → （　）

(5) 学ぶ ことが ずいぶん 多い。 → （　）

得点 ／100点
学習日 月 日

4 次の〰〰線部の副詞が修飾している用言（動詞・形容詞・形容動詞）に――線を引きなさい。また、その用言の品詞名を書きなさい。（完答各4点×3＝12点）

(1) 自分の 意見を はっきりと 言う。 （　　詞）

(2) 水が とても 冷たい。 （　　）

(3) 昨日よりは 少し 暖かだ。 （　　）

確認❷ 副詞が修飾する文節の位置

▼副詞が修飾する文節の位置は、副詞のすぐあととは限らない。

例
・彼《かれ》は いつも 走る。（すぐあとの文節を修飾）
・いつも 彼は 走る。（離《はな》れた文節を修飾）

次の〰〰線部の副詞が修飾している言葉を一文節で書きぬきなさい。（各4点×7＝28点）

(1) いつも 公園で 遊ぶ。 いつも →（　　）

(2) だいぶ この 本は 厚い。 だいぶ →（　　）

(3) 桜は やや 昨年より きれいだ。 （　　）

(4) これでは 断然 相手が 有利だ。 （　　）

(5) しっかり 靴《くつ》の ひもを 結んだ。 （　　）

(6) 今日は かなり 気温が 高い。 （　　）

(7) たいそう 雨が 激しい 夜だった。 （　　）

確認❸ 副詞と、用言の連用形の見分け方

▼副詞と、用言（特に形容詞・形容動詞）の連用形を見分けるには、それらの語を活用させてみる。活用すれば用言の連用形、活用しなければ副詞と考える。

例 連体形に活用させて考えてみる。
・くわしく話す。（形容詞）→「くわしい話」
・大げさに話す。（形容動詞）→「大げさな話」
（活用する⇩用言の連用形）
・きちんと話す。→「 × 」（活用しない⇩副詞）

次のア・イの――線部のうち、副詞はどちらですか。確認❸の方法で考えて、副詞であるほうに○をつけなさい。（各5点×4＝20点）

(1) ア（　）状況《じょうきょう》を細かく説明する。
イ（　）町の様子もすっかり変わった。

(2) ア（　）ついに優勝の瞬間《しゅんかん》がやってきた。
イ（　）にぎやかに歌を歌う。

(3) ア（　）こぶしを力強く握《にぎ》る。
イ（　）ベンチでしばらく休憩《きゅうけい》する。

(4) ア（　）すでに部屋の掃除《そうじ》を始めていた。
イ（　）簡単にあきらめてはだめだ。

⑥ 副詞

副詞の種類 1

得点
／100点
学習日
月　日

学習内容

副詞は、次の三種類に分けられる。

「状態の副詞」・「程度の副詞」・「呼応の副詞」

確認① 状態の副詞

▼ **主に動詞の文節を修飾《しゅうしょく》し、動作や作用がどのように行われているかという状態を表す副詞を、「状態の副詞」という。**

例
- 彼《かれ》は　いきなり　走り出した。
- 床《ゆか》が　つるつる（と）　すべる。（擬態語《ぎたいご》）
- 犬が　ワンワン（と）　ほえる。（擬音語《ぎおんご》）

＊状態の副詞には、他に、「はっきり（と）」「すぐ（に）」「しっかり（と）」「たちまち」など、いろいろある。
＊状態の副詞のうち、「のろのろ（と）」「ふらふら（と）」など、動作の様子を表したものを「擬態語」といい、「トントン（と）」「ニャー（と）」など、音や声をまねたものを「擬音語（擬声語《ぎせいご》）」という。
＊「と」が付いたものは、「―と」までで一語の副詞である。

1 次の文を読んで、あとの 質問 に対し、文中の状態の副詞を書きぬいて答えなさい。（各4点×3＝12点）

(1) 意見を　はっきり　言う。
質問 どのように言うか？
〔　　　　〕言う。

(2) ゾウが　のろのろ　歩く。
質問 どのように歩くか？
〔　　　　〕歩く。

(3) うちわで　パタパタと　あおぐ。
質問 どのようにあおぐか？
〔　　　　〕あおぐ。

2 次の文から状態の副詞を探して→の上に書きぬきなさい。また、その副詞が修飾している言葉を一文節で下に書きぬきなさい。（各2点×8＝16点）

(1) 新しい　洋服が　たちまち　流行する。
〔どのように〕〔　　　　〕→〔　　　　〕〔どうする〕

(2) 会議中に　そっと　席を　立った。
〔どのように〕〔　　　　〕→〔　　　　〕〔どうした〕

(3) 庭で　ブンブンと　バットを　振《ふ》り回《まわ》す。
〔　　　　〕→〔　　　　〕

(4) 電車の　中で　ばったり　友達に　会った。
〔　　　　〕→〔　　　　〕

3 次の〔　〕にあてはまる状態の副詞を、［　］から選んで書き入れなさい。（言葉は一回ずつしか使えません。）（各4点×5＝20点）

(1) 短期間で英会話が〔　　　　〕上達する。

(2) 昔のことを〔　　　　〕覚えている。

(3) 大好きな牛乳を〔　　　　〕飲む。

(4) 無事に終了《しゅうりょう》して、〔　　〕息をはく。

(5) 遠いところを〔　　〕来てくれた。

わざわざ　はっきり　みるみる　ごくごくと　ほっと

確認❷ 程度の副詞(1)

▼主に用言（動詞・形容詞・形容動詞）の文節を修飾し、物事の性質や状態がどのくらいであるかという程度を表す副詞を、「程度の副詞」という。

例
- 立ち止まって　少し　考える。（動詞の文節を修飾）
- 風呂《ふろ》の　湯が　だいぶ　熱い。（形容詞の文節を修飾）
- 家の　中は　大変　暖かだ。（形容動詞の文節を修飾）

＊他に、「とても・きわめて・かなり・ずいぶん」などがある。

1 次の文を読んで、あとの質問に対し、文中の程度の副詞を書きぬいて答えなさい。（各3点×4＝12点）

(1) その　服装は　とても　目立つ。
質問 どのくらい目立つか？　〔　　〕目立つ。

(2) この　荷物は　きわめて　重い。
質問 どのくらい重いか？　〔　　〕重い。

(3) 湖の　周辺は　かなり　静かだ。
質問 どのくらい静かか？　〔　　〕静かだ。

(4) ずいぶん　暑い　日に　外出した。
質問 どのくらい暑い日か？　〔　　〕暑い日。

2 次の文から程度の副詞を探して→の上に書きぬきなさい。また、その副詞が修飾している言葉を一文節で下に書きぬきなさい。（各2点×8＝16点）

(1) 乗客の　人数が　ちょっと　増えた。　〔どのくらい〕〔　　〕→〔　　〕〔どうなった〕

(2) 完成が　早く　なるのは　大いに　結構だ。　〔どのくらい〕〔　　〕→〔　　〕〔どんなだ〕

(3) 姉は、妹と　比べて　やや　背が　高い。　〔　　〕→〔　　〕

(4) とても　美しい　花が　すぐに　散った。　〔　　〕→〔　　〕

3 次の文から、程度の副詞を探して→の上に書きぬきなさい。また、その副詞が修飾している言葉を一文節で下に書きぬきなさい。(2)は二組あります。（各4点×6＝24点）

(1) 要領よく生きてきた人よりも、挫折《ざせつ》を味わいながら生きてきた人のほうがずっと魅力的《みりょくてき》だと思います。　〔　　〕→〔　　〕

(2) 百メートル走でもっとすばらしい記録を出したいので、これからもいっそう努力したいと考えています。　〔　　〕→〔　　〕　〔　　〕→〔　　〕

確認① 程度の副詞(2)

▼程度の副詞は、用言の文節だけでなく、名詞をふくむ文節や他の副詞の文節を修飾《しゅうしょく》することがある。

例 少し　右に　寄りましょう。　（名詞をふくむ文節を修飾）
　とても　ゆっくり　歩く。　（副詞の文節を修飾）

＊程度の副詞（〰部）が修飾する名詞（―部）は、時間や方向・位置に関するものが多い。

例 ずっと　以前　　もっと　上　　やや　東
　ちょっと　前　　かなり　昔　　だいぶ　右

1 次の文から、〰線部の程度の副詞が修飾している言葉を一文節で書きぬきなさい。（各4点×4＝16点）

(1) ちょっと　前に　連絡《れんらく》が　あった。　〈名詞をふくむ文節〉（　　　　）
(2) 星が　かなり　はっきり　見える。　〈副詞の文節〉（　　　　）
(3) ずっと　以前、ここは　海だった。（　　　　）
(4) 少し　ゆっくり　話しなさい。（　　　　）

2 次の文から程度の副詞を探して↓の上に、また、その副詞が修飾している言葉を一文節で下に書きぬきなさい。（各2点×6＝12点）

(1) 中学校は　ここから　もっと　北に　あります。（　　　　）↓（　　　　）
(2) 静かな　村で　たいそう　のんびりと　過ごす。（　　　　）↓（　　　　）
(3) だいぶ　前の　ことは、覚えて　いない。（　　　　）↓（　　　　）

確認② 呼応の副詞(1)

▼下の文節に、ある決まった言い方を引き出し、話し手の態度や気持ちを表す副詞を「呼応（陳述《ちんじゅつ》・叙述《じょじゅつ》）の副詞」という。呼応の副詞が表す内容には、次のようなものがある。

① 推量（たぶん・おそらく・きっと　など）
例 たぶん　彼《かれ》は　来るだろう。

② 否定（決して・必ずしも・とうてい・全然・少しも　など）
例 ・決して　うそは　つかない。
　・少しも　前に　進まない。

③ 願望・希望（ぜひ・どうか・どうぞ　など）
例 ・ぜひ　君に　会いたい。
　・どうか　お許しください。

＊呼応の副詞によってある決まった言い方がくることを「呼応する」という。

次の〰線部に呼応する言い方を[　]から選んで書き入れなさい。（各4点×5＝20点）

(1) たぶん　合格する（　　　　）。
(2) 決して　泣か（　　　　）。
(3) ぜひ　食べ（　　　　）。

得点　／100点
学習日　月　日

(4) 彼《かれ》は　おそらく　行く（　　　）。

(5) 必ずしも　成功するとは　限ら（　　　）（　　　）。

［だろう　たい　ない］

確認❸ 呼応の副詞(2)

▼呼応の副詞が表す内容には、確認❷の①〜③の他に次のようなものもある。

④ 仮定（もし・たとえ・仮に・いくら　など）
例 もし　負けても　泣かない。

⑤ たとえ（まるで・ちょうど・さも　など）
例 まるで　魚のようだ。

⑥ 疑問（なぜ・どうして　など）
例 なぜ　人は　考えるのか。

1 次の〜〜線部に呼応する言い方を［　］から選んで書き入れなさい。（各4点×6＝24点）

(1) たとえ　晴れ（　　　）、かさは　必要だ。

(2) まるで　石の（　　　）。

(3) なぜ　人間は　生きるの（　　　）。

(4) その　雨は　ちょうど　シャワーの（　　　）（　　　）。

(5) 君は　どうして　来なかったの（　　　）（　　　）。

---

(6) もし　クラスが　分かれ（　　　）、寂《さび》しくは　ない。

［ても　ようだ　か］

2 次の文から呼応の副詞を上に書きぬきなさい。また、［　］にあてはまる言葉を［　］から選んで下に書きなさい。（各2点×14＝28点）

(1) まるで雪の［　］白さだ。
副詞（ま）　言葉（　　　）

(2) そんな難しい問題は、とうてい解けそうに［　］。
副詞（　　　）　言葉（　　　）

(3) 仮に成功し［　］、気を引《ひ》き締《し》めよう。
副詞（　　　）　言葉（　　　）

(4) あの人は決して遅刻《ちこく》をし［　］。
副詞（　　　）　言葉（　　　）

(5) どうぞこちらへお入り［　］。
副詞（　　　）　言葉（　　　）

(6) おそらく明日は雨が降る［　］。
副詞（　　　）　言葉（　　　）

(7) 君がなぜそんな意見を言ったの［　］理解に苦しむ。
副詞（　　　）　言葉（　　　）

［ください　ような　だろう　か　ても　ない］

1 次の文から副詞を書きぬきなさい。（各2点×5＝10点）

(1) 足のけがをじっくり治療《ちりょう》する。（　　）
(2) 梅の木がずいぶん大きくなった。（　　）
(3) おそらく彼《かれ》はやって来るだろう。（　　）
(4) 竹とんぼがくるくる回って飛んだ。（　　）
(5) 家に帰ると、すぐに宿題を済ませた。（　　）

2 次の文から副詞を探して→の上に書きぬきなさい。また、その副詞が修飾《しゅうしょく》している言葉を一文節で下に書きぬきなさい。（各2点×14＝28点）

(1) 山田さんは、言葉遣《ことばづか》いがとても丁寧《ていねい》だ。
（　　）→（　　）
(2) 風が吹《ふ》いて、カサカサと木の葉が鳴る。
（　　）→（　　）
(3) すらすら問題が解けるのは、うれしい。
（　　）→（　　）
(4) 転校生が来るという話は、だいぶ前に聞いていた。
（　　）→（　　）
(5) ぜひキャンプに参加したいと彼も言っていた。
（　　）→（　　）
(6) 忙《いそが》しくて、まったく理髪店《りはつてん》に行けなかったので、髪《かみ》の毛がかなり伸《の》びた。（二組あります。）
（　　）→（　　）
（　　）→（　　）

3 次の（　）にあてはまる副詞を［　］から選んで書き入れなさい。（言葉は一回ずつしか使えません。）（各3点×5＝15点）

(1) （　　）作業を手伝ってほしい。
(2) （　　）優勝したら、お祝いをしよう。
(3) 僕《ぼく》は（　　）最後まであきらめない。
(4) （　　）こんな結果になったのか理解できない。
(5) （　　）魚のように水の中を泳ぐ。

［どうして　もし　まるで　決して　どうか］

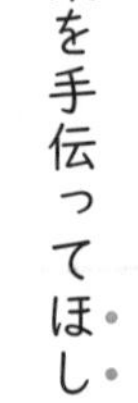

得点
／100点
学習日
月　日

4 次の文章を読んで、あとの問いに答えなさい。（各2点×4＝8点）

親戚《しんせき》の子が、大学受験のため、しばらく私の家に下宿することになった。その子は大変すなおで、私はいつもかわいがっていた。この子には［　］大学に合格してほしいので、できる範囲《はんい》で支援《しえん》するつもりでいる。

(1) 文章中から副詞を三つ書きぬきなさい。

［　　］・［　　］・［　　］

(2) ［　］にあてはまる副詞を［　］から選んで書きなさい。

まさか　ぜひ　まるで

［　　］

5 次の文章から副詞を三つ探して↓の上に書きぬきなさい。また、その副詞が修飾している言葉を一文節で下に書きぬきなさい。（各3点×6＝18点）

初めて妹がクッキーを焼いた。妹はそれを僕に食べさせてくれた。「なかなかおいしいクッキーだね。」と言うと、妹はうれしそうに、「山下君に食べてもらうの。」と言い残し、さっそうと家を出た。僕は単なる味見役だったのかとその瞬間《しゅんかん》に気がついた。

［　　］→［　　］
［　　］→［　　］
［　　］→［　　］

6 次の文章を読んで、あとの問いに答えなさい。（各3点×7＝21点）

私の祖父は、たばこを多く吸《す》っていました。ところが、ある病気で入院して以来、①ぴたりと喫煙《きつえん》をやめました。そのおかげか、②すっかり健康を回復し、本人も「まるで十歳《じっさい》若返った［A］。」と言っていたものです。

祖父は、確かに元気にはなりましたが、私のほうは変なことに、ある種の寂《さび》しさを覚えました。なぜそう思うの［B］というと、幼いころ祖父のふとんで眠《ねむ》ったときに常にかいだ、たばこくさいにおいが好きだったからです。祖父のことが大好きだったせいもありますが、あのにおいをかぐと、なぜか安心できるのでした。

③すでに祖父は亡《な》くなりましたが、たばこのにおいがすると、いまだに祖父のことを思い出します。

(1) ――線①〜③の副詞が修飾する言葉を一文節で書きぬきなさい。

①［　　］　②［　　］
③［　　］

(2) ［A］・［B］にあてはまる言葉を［　］から選んで書きなさい。

A［　　］　B［　　］

か　まい　ようだ　ほしい

(3) 四つの＝＝線部から、副詞を二つ選んで書きぬきなさい。

［　　］・［　　］

連体詞の性質と働き

得点 ／100点
学習日 月 日

確認❶ 連体詞の性質と働き

① 自立語で活用しない。

例 いろんな（自）／思い出（自） を（付）／話す（自）。 （自＝自立語 付＝付属語）
　　連体詞

→「いろんな」は自立語で、あとに続く言葉によって語形が変わらない。

② 「どの・どんな」を表す。

例 （どの） この 本　あの 家　例の 話
　（どんな） あらゆる 情報　とんだ 失敗　大きな 犬

③ 常に連体修飾語《れんたいしゅうしょくご》 P15 になり、体言をふくむ文節を修飾する。

例 たいした 感性を もって いる。

1 次の══線部の単語について性質や品詞名を考えます。あとの□にあてはまる言葉を確認❶から書きぬきなさい。（各4点×5＝20点）

〈大きな／家 を／建てる。〉

① それだけで一文節になっているので、［　　］語であり、［　　］しない。

② 建てる家が［　　］家であるかを表している。

③ 文の中では、体言をふくむ文節「家を」を修飾する［　　］語になっている。

④ 「大きな」の品詞は［　　］詞である。

2 次の文から、連体詞を探して□に書きぬきなさい。（各4点×2＝8点）

(1) その 本は 私が 借りた ものです。 （どの）［　　］本は

(2) 村には おかしな 話が ある。 （どんな）［　　］話が

3 次の〜〜線部の連体詞が修飾している言葉を一文節で書きぬきなさい。（各4点×3＝12点）

(1) あの 人に 聞いて みる。　あの →［　　］

(2) とんだ 事件が 起こる。　とんだ →［　　］

(3) ここが いわゆる 原宿《はらじゅく》か。　→［　　］

4 次の――線部を修飾している連体詞を書きぬきなさい。（各4点×3＝12点）

(1) 店には いろんな 商品が ある。［　　］

(2) 君の お父さんは どの 人？［　　］

(3) それは たいした 傷では ない。［　　］

確認❷ 連体詞のいろいろ

▼**連体詞には、次のような型がある。**

① **「～の」型**…この・その・あの・どの・例の
② **「～な」型**…小さな・大きな・おかしな・いろんな
③ **「～た・～だ」型**…たいした・とんだ
④ **「～る」型**…あらゆる・ある・いわゆる・去る
⑤ **その他**…我《わ》が・あらぬ　**例** 我が 国の 政治。

＊「小さい」「大きい」「おかしい」は、形容詞。

1 次の文から連体詞を探して↓の上に書きぬきなさい。また、その連体詞が修飾している言葉を一文節で下に書きぬきなさい。（各3点×10＝30点）

(1) 今 読んで いる この 本は おもしろい。
↓
(2) 事件に 関する いろんな 情報を 集める。
↓
(3) 私は 家族に とんだ 迷惑《めいわく》を かけて しまった。
↓
(4) 去る 十月四日に、記念式典が 盛大《せいだい》に 行われた。
↓
(5) みなさんに 我が 町の 名物を 紹介《しょうかい》します。
↓

2 次の文章から連体詞を三つ探して↓の上に書きぬきなさい。また、その連体詞が修飾している言葉を一文節で下に書きぬきなさい。（各3点×6＝18点）

六月のある日曜日、少し体がだるいので、すぐに体温を計ったところ、三十六度九分でした。たいした熱ではないと思いましたが、大事をとってその日は早く就寝《しゅうしん》しました。

↓
↓
↓

参考

連体詞は、それだけで主語や述語などになることができず、連体修飾語として常に連文節を作り、主部や述部などの一部となって働く。 ▼P18

例
・いろんな 人が 教室に いる。 **（主部）**
・人気が あるのは、この 車だ。 **（述部）**
・町の 中で ある 男を 見かけた。 **（修飾部）**
・とんだ 災難だったが、無事だった。 **（接続部）**
・大きな 窓、それが 目印です。 **（独立部）**

⑦ 連体詞

連体詞の特徴／まとめ

得点 ／100点
学習日 月 日

確認① 連体詞が修飾する文節の位置

▼連体詞が修飾《しゅうしょく》する文節の位置は、連体詞のすぐあととは限らない。

例
・あの　虫を　つかまえよう。（すぐあとの文節を修飾）
・あの　きれいな　虫を　つかまえよう。（離《はな》れた文節を修飾）

＊連体詞は体言をふくむ文節を修飾するので、「きれいな」ではなく「虫を」を修飾している。

1 次の～～線部の連体詞が修飾している言葉を一文節で書きぬきなさい。（各4点×5＝20点）

(1) その　厚い　本を　じっくり　読む。
その →（　　　）

(2) これまでに　いろんな　珍《めずら》しい　体験を　した。
いろんな →（　　　）

(3) 今回は　たいした　経済的な　打撃《だげき》は　ない。
（　　　）

(4) 例の　貴重な　映像を　お見せしましょう。
（　　　）

(5) ある　小さくて　かわいい　猫《ねこ》が　近所に　いた。
（　　　）

2 次の文から連体詞を探して→の上に書きぬきなさい。また、その連体詞が修飾している言葉を一文節で下に書きぬきなさい。（各4点×6＝24点）

(1) 小さな　黄色い　容器を　ください。
（　　　）→（　　　）

(2) 今まで　とんだ　恥《は》ずかしい　勘違《かんちが》いを　して　いた。
（　　　）→（　　　）

(3) あらゆる　困難な　状況《じょうきょう》にも　対応します。
（　　　）→（　　　）

確認② 連体詞と用言の見分け方

▼連体詞は連体修飾語にしかなれないが、用言は述語になることができる。

例
・ある　人の話。（連体詞）
・部屋の中央にある机。→机が部屋の中央にある。（述語）（動詞）
・おかしな　事件に巻きこまれる。（連体詞）
・おかしい話を聞いた。→その話はおかしい。（述語）（形容詞）
・いろんな　木を植えた。（連体詞）
・いろいろな絵を見た。→見た絵はいろいろだ。（述語）（形容動詞）

＊「いろんな」は活用することができないが、「いろいろな」は「いろいろだ」と活用して述語になることができる。

次のア・イの――線部のうち、連体詞であるほうに○をつけなさい。（各4点×5＝20点）

(1) ア（　）ある場所に友達と行った。
　　イ（　）同じページに解答がある。

(2) ア（　）文章の中でおかしい箇所《かしょ》を直す。
　　イ（　）道路におかしな車が停車している。

(3) ア（　）いろんな問題を解く。
　　イ（　）いろいろな問題に直面する。

(4) ア（　）父の大きな背中を流す。
　　イ（　）外に大きい看板を設置する。

(5) ア（　）友人が故郷を去る。
　　イ（　）去る六月に海外を旅行した。

確認3 連体詞と代名詞の見分け方

▼連体詞と名詞（代名詞）は主語になることができるかどうかで見分ける。連体詞は主語になれないが、代名詞は主語になれる。

例
・この → このが　本だ。×　（主語になれない⇩連体詞）
・これ → これが　本だ。○　（主語になれる⇩代名詞）

次のア・イの――線部のうち、連体詞であるほうに○をつけなさい。（各4点×2＝8点）

(1) ア（　）これは父の時計だ。
　　イ（　）この写真に見覚えはありますか。

(2) ア（　）あの書類をどこにしまったかなあ。
　　イ（　）向こうに見える、あれが私の家です。

「連体詞」まとめ

1 次の文章から連体詞を三つ書きぬきなさい。（各4点×3＝12点）

「これがあの有名な仏像か。」と父が言った。すると、そこにいたある人が、「あなたが見ているのは別の仏像ですよ。」と教えてくれた。父はとんだ恥《はじ》をかいたようだ。

（　　）・（　　）・（　　）

2 次の文章を読んで、あとの問いに答えなさい。（各4点×4＝16点）

去る八月、英二《えいじ》の弟夫婦にかわいい女の子が生まれた。①その小さい手は、まるで紅葉《もみじ》のようだった。一方、目は②大きな黒い瞳《ひとみ》をしていて、これは何だか気が強そうだと英二は思ったりもした。そして、人生はまだ始まったばかりだけど、③いろんな人と出会って、すてきな人生を送ってくれたらいいなと祈《いの》るような気持ちになるのだった。

(1) ――線①～③の連体詞が修飾している言葉をそれぞれ一文節で書きぬきなさい。

①（　　）　②（　　）　③（　　）

(2) 四つの══線部から、連体詞を一つ選んで書きぬきなさい。

（　　）

⑧ 接続詞

接続詞の性質と種類／まとめ

得点　／100点

学習日　月　日

確認❶ 接続詞の性質

① 自立語で活用しない。

例 のど（自）が（付）／かわく（自）。だから（自）、／水（自）を（付）／飲む（自）。（自＝自立語　付＝付属語）

だから→接続詞

↓「だから」は自立語で、あとに続く言葉によって語形が変わらない。

② 文と文、文節と文節をつないで、どんな関係で前後がつながっているかを示す。

例 ・雨が降った。（文）それで、水たまりができた。（文）（文と文をつなぐ）

・川（文節）または海で（文節）泳ぐ。（文節と文節をつなぐ）

③ それだけで接続語 ▶P16 になることができる。

1 次の＝線部の単語について性質や品詞名を考えます。□にあてはまる言葉を確認❶から書きぬきなさい。（各2点×6＝12点）

〈家　に／帰っ　た。そして、／手　を／洗っ　た。〉

① それだけで一文節になっているので、［　　］語であり、［　　］しない。

② ［　　］と［　　］をつないで、それらがどんな関係で前後がつながっているかを示している。

③ 文の中で、それだけで［　　］語になっている。

④ 「そして」の品詞は［　　］詞である。

2 次の文から接続詞を書きぬきなさい。（各2点×3＝6点）

(1) 校門を出た。すると、友達が待っていた。（　　）

(2) 蛇口《じゃぐち》をひねった。ところが、水が出ない。（　　）

(3) 塩を入れ、そして、砂糖も加えます。（　　）

学習内容

接続詞には、「順接」・「逆接」・「並立《へいりつ》・累加《るいか》」・「対比・選択《せんたく》」・「説明・補足」・「転換《てんかん》」などの種類がある。

確認❷ 接続詞の種類(1)

① 順接…前の事がらが原因・理由となって、あとの事がらが順当な結果・結論となることを示すもの。
（だから・そこで・すると・したがって・よって　など）

例 忘れ物をした。だから、家まで取りに帰ろう。

② 逆接…前の事がらから予想される結果とは逆の結果になることを示すもの。
（しかし・だが・ところが・けれど・だけど・でも・が　など）

例 チームは健闘《けんとう》した。しかし、試合には勝てなかった。

次の左右の文をつなぐ接続詞を［　］から選んで書きなさい。（各3点×2＝6点）

(1) ホームランを打った。 ―順接→ とても気分がいい。 （　　　）

(2) 簡単に解けると思っていた。 ←逆接→ 意外と難しかった。 （　　　）

［ だから　あるいは　しかし ］

確認❸ 接続詞の種類(2)

③ **並立《へいりつ》・累加《るいか》…前の事がらにあとの事がらを並べたり、付け加えたりするもの。**
（そして・しかも・なお・それに・また　など）

例 友達とよく遊び、そして、たがいによく学びあった。

④ **対比・選択《せんたく》…前とあとの事がらを比べたり、前後の事がらのどちらかを選んだりするもの。**
（または・それとも・あるいは・もしくは　など）

例 ケーキまたは和菓子《わがし》、どちらになさいますか。

次の左右の文をつなぐ接続詞を［　］から選んで書きなさい。（各3点×2＝6点）

(1) 姉は、教師の免許《めんきょ》を持っている。 ＋並立・累加＋ 調理師の免許も持っている。 （　　　）

(2) 最寄《もよ》りの駅までバスで行きますか。 ―対比・選択― 自動車で行きますか。 （　　　）

［ つまり　それとも　また ］

確認❹ 接続詞の種類(3)

⑤ **説明・補足…前の事がらについての説明や補足をあとで述べるもの。**
（つまり・なぜなら・例えば・すなわち・ただし　など）

例 父の妹、つまり、私の叔母《おば》は医者です。

⑥ **転換《てんかん》…前の事がらと話題を変えて続けるもの。**
（さて・ところで・では・ときに・それでは　など）

例 大掃除《おおそうじ》も終わった。さて、明日から夏休みだ。

次の左右の文をつなぐ接続詞を［　］から選んで書きなさい。（各3点×2＝6点）

(1) 今日は傘《かさ》を持って出かけなかった。 ―説明・補足― 家を出たときには、快晴だったからだ。 （　　　）

(2) 久しぶりに会えてうれしかったよ。 ―転換― 石川先生はお元気かな？ （　　　）

［ ところで　なぜなら　けれど ］

（次ページに続く）

確認5 接続詞と見分けのつきにくい語

① **接続詞と副詞** ▼P89

例
- 水を飲み、また、お茶も飲む。　（接続詞）
- また勉強にはげむ。　（副詞）

② **接続詞と接続助詞** ▼P94・119

例
- よく調べた。が、わからなかった。　（接続詞）
- 手紙を出したが、返事が来ない。　（接続助詞）

③ **接続詞と代名詞＋助詞** ▼P90

例
- 気温が高い。それに、日差しも強い。　（接続詞）
- 電車が来たので、それに乗った。　（代名詞＋助詞）

次のア・イの――線部のうち、接続詞であるほうに○をつけなさい。（各2点×4＝8点）

(1)
ア（　）野球もし、また、サッカーもする。
イ（　）また一から始めよう。

(2)
ア（　）だめかと思ったが、助かった。
イ（　）全力で走った。が、間に合わなかった。

(3)
ア（　）紙袋《かみぶくろ》があるので、それに入れましょう。
イ（　）彼《かれ》は力が強い。それに、足も速い。

(4)
ア（　）気分が悪い。そこで、保健室に行った。
イ（　）近くに図書館がある。そこでよく勉強した。

「接続詞」まとめ

1 次の（　）にあてはまる接続詞を［　］から選んで書き入れない。（各2点×6＝12点）

(1) 試合に負けた。（　　）、もっと練習しよう。
(2) 説明を終わります。（　　）、今何時ですか。
(3) 雲が出てきた。（　　）、雨は降らないだろう。
(4) 明日は体育祭です。（　　）、来週は文化祭です。
(5) 海へ行こうか。（　　）、山へ行こうか。
(6) これは捨てよう。（　　）、傷《いた》みが激しいからだ。

［それとも　なお　なぜなら　ところで　だから　だが］

2 次の――線部の接続詞と同じ種類のものを［　］から選んで書きなさい。（各2点×4＝8点）

(1) 映画を見た。けれど、つまらなかった。（　　）
(2) 芝居《しばい》が好きだ。そこで、演劇部に入った。（　　）
(3) 彼はまじめで、しかも働き者だ。（　　）
(4) 新聞または雑誌をご覧ください。（　　）

［あるいは　したがって　ところが　それに］

3 次の文を二つの文に書き換《か》えます。[　]にあてはまる接続詞をそれぞれ[　]から選んで書き入れなさい。（各2点×3＝6点）

(1) 僕《ぼく》は疲《つか》れたのでもう帰るよ。

→ 僕は疲れた。[　　]、もう帰るよ。（　　）

だから　ところが　または

(2) 何度も読んで、内容を理解した。

→ 何度も読んだ。[　　]、内容を理解した。（　　）

だが　さて　なぜなら　そして　あるいは

(3) パソコンは便利なのに、上手に使えない。

→ パソコンは便利だ。[　　]、上手に使えない。（　　）

つまり　では　けれど　それとも　そこで

4 次の——線部の接続詞の使い方が正しければ○を、誤っている場合には[　]から接続詞を選んで書きなさい。（各3点×3＝9点）

(1) 仕事が増えた。でも、やりがいはある。（　　）

(2) 悩《なや》みがあった。または、兄に相談した。（　　）

(3) 和食すなわち中華《ちゅうか》、どちらにしますか。（　　）

なお　あるいは　ところで　だから

5 次の文章を読んで、あとの問いに答えなさい。（各3点×7＝21点）

来週から長い連休だ。とても楽しみだが、我《わ》が家では、まだどこに行くか決まっていない。よって、夕食のあと、家族で話し合うことにした。

まず姉が、「温泉に行くか[A]キャンプに行きたい。」と言った。父も「そうしよう。」と賛成した。①だが、妹の希望は遊園地だった。[B]、それ以外なら行きたくないと言い出した。意見が分かれたまま、どちらも譲《ゆず》らない。

②すると母が、「遊園地は来月に行きましょう。」と言って妹を説得し、結局キャンプに決まった。

ところで、僕《ぼく》はというと、本当は海で釣《つ》りをしたかった。[C]、とうとう言い出すことができなかった。

(1) [A]～[C]に合う接続詞を[　]から選び、記号で答えなさい。

ア しかし　イ あるいは　ウ さて　エ しかも

A（　　）　B（　　）　C（　　）

(2) ——線①・②と同じ種類の接続詞を[　]から選び、記号で答えなさい。

ア そこで　イ それとも　ウ 例えば　エ けれど

①（　　）　②（　　）

(3) 六つの＝＝線部から、接続詞を二つ選んで書きぬきなさい。

（　　）・（　　）

⑨ 感動詞

感動詞の性質と種類／まとめ

確認❶ 感動詞の性質

① 自立語で活用しない。

例 おや、／雨が／降って／きたぞ。
（おや＝自・感動詞／雨＝自／が＝付／降っ＝自／て＝付／き＝自／た＝付／ぞ＝付）
（自＝自立語　付＝付属語）

→「おや」は自立語で、あとに続く言葉によって語形が変わらない。

② 話し手の感動・呼びかけ・応答・あいさつなどを表す。

例
- ああ、見事な景色だなあ。（感動）
- さあ、出発しよう。（呼びかけ）
- はい、そのとおりです。（応答）
- こんにちは、村田さん。（あいさつ）

③ 多くは文の最初にきて、独立語 ▼P17 になる。

例 ねえ、ちょっと待ってよ。

1 次の――線部の単語について性質や品詞名を考えます。□にあてはまる言葉を確認❶から書きぬきなさい。（各4点×5＝20点）

〈ほら、／バラが／咲《さ》いて／いるよ。〉

① それだけで一文節になっているので、（　　　）語であり、（　　）しない。

② 相手に対する（　　　　）を表している。

③ 文の最初にきて（　　　）語になっている。

④「ほら」の品詞は（　　　）詞である。

2 次の文から感動詞を書きぬきなさい。（各5点×4＝20点）

(1) まあ、なんてきれいな花でしょう。（　　）

(2) もしもし、横井さんですか。（　　）

(3) いや、たいしたことはないよ。（　　）

(4) こんばんは、今日も暑かったですね。（　　）

確認❷ 感動詞の種類

① 感動（おや・あら・まあ・やあ・あっ　など）
例 ああ、疲《つか》れた。　へえ、知らなかった。

② 呼びかけ（ねえ・ほら・もしもし・さあ　など）
例 おい、やめろよ。　こら、静かにしなさい。

③ 応答（ええ・いいえ・そう　など）
例 うん、そうするよ。　はい、山田です。

④ あいさつ（こんにちは・こんばんは　など）
例 おはよう、調子はどう？　さようなら、また明日。

⑤ かけ声（どっこいしょ・よいしょ・それ　など）
例 どっこいしょ。　それ、行くぞ。

次の文から〔　〕の種類の感動詞を書きぬきなさい。（各4点×5＝20点）

(1) いよいよ明日が公式戦だ。さあ、今日も頑張《がんば》ろう。〔呼びかけ〕［　　］

(2) 「私が持ちましょうか。」「ええ、よろしくお願いします。」〔応答〕［　　］

(3) よいしょ。やっと全部運び終えたね。〔かけ声〕［　　］

(4) あら、ハンカチを忘れてしまった。どうしよう。〔感動〕［　　］

(5) 中川さん、おはよう。〔あいさつ〕［　　］

確認3 感動詞と見分けのつきにくい語

① 感動詞と副詞 ▶P89

例
- ちょっと、何をしているの。（感動詞）
- ちょっと待ってください。（副詞）

② 感動詞と終助詞 ▶P98

例
- ね、お母さん、食事はまだ？（感動詞）
- すばらしい結果になったね。（終助詞）

③ 感動詞と名詞（代名詞） ▶P38

例
- それ、飛んでいけ。（感動詞）
- それが私の自転車です。（代名詞）

次のア・イの——線部のうち、感動詞であるほうに○をつけなさい。（各5点×4＝20点）

(1) ア（　）ちょっと、何を見ているの。
イ（　）ちょっと休憩《きゅうけい》にしましょうか。

(2) ア（　）ねえ、この問題の解き方を教えてよ。
イ（　）ずいぶん元気になったねえ。

(3) ア（　）あれが有名なピカソの絵だ。
イ（　）あれ、時計の針が動かないな。

(4) ア（　）なに、雨が降り出したって。
イ（　）なにをお探しですか。

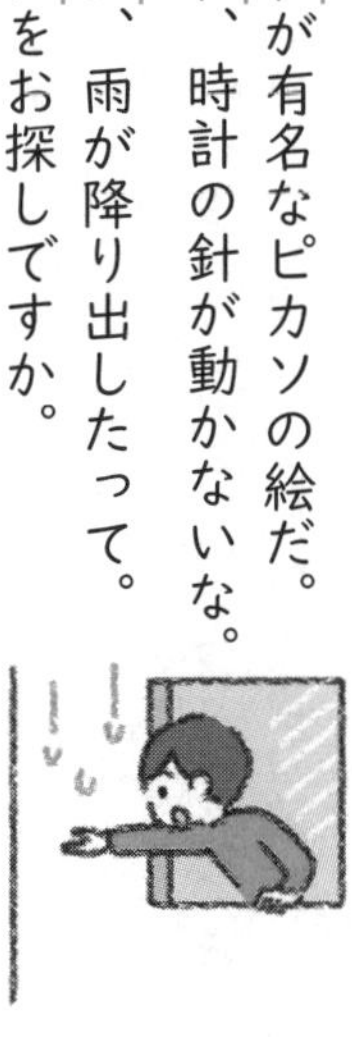

「感動詞」まとめ

次の文章から感動詞を探し、あとの種類に分けて書きぬきなさい。（各4点×5＝20点）

「ねえ、今田さん。『告《こく》る』ってどんな意味なの？」「先生そんなことも知らないんですか。」「ええ、そうなの。」「告白するという意味なんですよ。」「そういえば先生も若いころには、メモすることを『メモる』なんて言ったかな。」「へえ、そうなんですか。それなら今でもよく耳にしますよね。あっ、もう帰らなくちゃ。さようなら。」「気をつけて帰りなさい。」

感動［　　］・［　　］　呼びかけ［　　］

応答［　　］　あいさつ［　　］

◆副詞・連体詞・接続詞・感動詞 まとめ

得点 ／100点
学習日 月 日

確認❶ 副詞・連体詞・接続詞・感動詞

▼活用のない自立語で、それだけで主語になることができないのは次の四つ。

① 副詞……状態や程度を表し、主に用言の文節を修飾《しゅうしょく》する。
② 連体詞…「どの・どんな」を表し、体言をふくむ文節を修飾する。
③ 接続詞…文と文、文節と文節をつなぎ、前後の関係を示す。
④ 感動詞…話し手の感動・呼びかけ・応答・あいさつなどを表す。
＊活用のない自立語のうち、名詞は助詞を伴《ともな》い主語になることができる。

次の――線部の語は、**ア**副詞、**イ**連体詞、**ウ**接続詞、**エ**感動詞のうちのどれですか。記号で答えなさい。（各2点×8＝16点）

(1) 時間がない。だから、急いで終わらせよう。
(2) すでに季節は冬を迎《むか》えていた。
(3) 現在、ある人の伝記を読んでいます。
(4) もしもし、手袋《てぶくろ》が落ちましたよ。
(5) そう思っていたなら、早く言ってよ。
(6) おかえりなさい、お父さん。
(7) どの方法がやりやすいか考えなさい。
(8) 自転車に乗った。ところが、パンクしていた。

確認❷ 副詞と連体詞の見分け方

▼副詞と連体詞は、どちらも修飾語として働く。この両者は、どんな言葉を修飾しているかで見分ける。

例
・声が とても 大きい。 （連用修飾語《れんようしゅうしょくご》⇩副詞）
・いろんな 意見が 出た。 （連体修飾語《れんたいしゅうしょくご》⇩連体詞）

1 次の〰〰線部が修飾している言葉を一文節で上に書きぬきなさい。また、〰〰線部の品詞は、**ア**連体詞、**イ**副詞のうちのどちらですか。下に記号で答えなさい。（各2点×6＝12点）

〔修飾している言葉〕〔記号〕

(1) 計画をしっかりと立てたい。
(2) 兄はとんだ災難を被《こうむ》った。
(3) ずいぶん君の猫《ねこ》はかわいい。

2 次の文から、〔 〕の品詞の単語を↓の上に書きぬきなさい。また、その語が修飾している言葉を一文節で下に書きぬきなさい。（各3点×6＝18点）

(1) この本はかなり売れたので、今では品切れだ。
〔副詞〕 ↓
(2) 上司に堂々と意見が言えるなんて、たいした度胸だ。
〔連体詞〕 ↓

(3) 子供たちは、常にあらゆる可能性を秘《ひ》めている。

〔連体詞〕（　　）→（　　）

3 次の文章から、副詞と連体詞をそれぞれ一つずつ書きぬきなさい。（各3点×2＝6点）

去る六月の初めに、市民マラソン大会が盛大《せいだい》に行われた。老若男女《ろうにゃくなんにょ》を問わず大勢の市民が参加し、初夏の日差しがまぶしい土手の上をさっそうと走る姿が見られた。

副詞（　　）　連体詞（　　）

確認3 見分けのつきにくい語

▼**同じ語形の副詞と、接続詞や感動詞は、次のようにして見分ける。**

① **副詞と接続詞** ▼P84

例 ・あの人がまた来るそうだ。（副詞）
　 ・りんごを食べ、また、みかんも食べる。（接続詞）

＊副詞は、文中で位置を変えても意味が通じる。

例 またあの人が来るそうだ。

＊接続詞は文中で位置を変えることができない。

② **副詞と感動詞** ▼P87

例 ・私もそう思う。（副詞）
　 ・そう、それで正解だ。（感動詞）

＊副詞は用言（「思う」）を修飾する。

＊感動詞は他の語を修飾せず、独立語 ▼P17 になる。

1 次の――線部の品詞名を書きなさい。（各3点×4＝12点）

(1) また山本さんから電話がかかってきた。（　　）

(2) 東京に行き、また、青森にも行った。（　　）

(3) プールの中でちょっと泳いだ。（　　）

(4) ちょっと、返事ぐらいしなさいよ。（　　）

2 次の文章を読んで、あとの問いに答えなさい。（各4点×9＝36点）

女性の中には、好きな男性のタイプとして「①たくさん食べる人がいい。」と言う人がいる。②しかし、私は女性のほうが男性より食べる量がよほど多いと思うことがある。［　］、豪華《ごうか》な食事をひととおり食べたあと、③いろんな種類のデザートをぺろっと食べてしまうからだ。「④えっ、いったいその体のどこに入るの。」と思わずにはいられない。

(1) ――線①～④の品詞名を［　］から選び、記号で答えなさい。

①（　　）②（　　）③（　　）④（　　）

［ア 接続詞　イ 連体詞　ウ 副詞　エ 感動詞］

(2) ［　］にあてはまる言葉を［　］から選び、記号で答えなさい。（　　）

［ア ところが　イ なぜなら　ウ そして］

(3) 第一段落から副詞を、第二段落から連体詞（――線部以外）をそれぞれ→の上に書きぬきなさい。また、それらが修飾している言葉を一文節で下に書きぬきなさい。

副詞（　　）→（　　）

連体詞（　　）→（　　）

⑩ 助詞

助詞の性質と種類／格助詞

確認❶ 助詞の性質

① **付属語で活用しない。**

例 話（自）を（付）／する（自）。→助詞（自＝自立語 付＝付属語）

→ **「を」は、「話」という名詞（体言）のあとに付いて文節を作っているので、付属語である。**

→ **あとに続く言葉によって語形が変わらない。**

② **体言や用言、他の付属語に付いて、語と語の関係を示したり細かい意味を付け加えたりする。**

例
・母 (が) 見る。**（「母」が主語であることを示す）**
・母 (を) 見る。**（「見る」対象を示す）**
・つらく (ても) がんばる。**（前後が逆接 ▶P94 であることを示す）**
・つらい (ので) あきらめる。**（前後が順接 ▶P94 であることを示す）**
・理科 (だけ) 好きだ。**（「理科」に限定する意味を示す）**
・理科 (も) 好きだ。**（「理科」が他と同類であることを示す）**

❶ 次の＝線部の単語について性質や品詞名を考えます。□にあてはまる言葉を 確認❶ から書きぬきなさい。（各2点×4＝8点）

〈妹 が／泣く。〉

① 名詞「妹」のあとに付いて文節を作っているので［　　］語 であり、［　　］しない。

② 「妹」に付いて、「妹」が［　　］語 であることを示している。

③ 「が」の品詞は［　　］詞 である。

❷ 次の文中の助詞を○で囲みなさい。（完答各2点×5＝10点）

(1) 花 が／咲《さ》く。

(2) 学校 から／帰る。

(3) 私 は／高校生 に／なる。

(4) 自分 の／名前 を／書く。

(5) 母 と／デパート へ／行く。

❸ 次の□にあてはまる助詞を［　］から選んで書き入れなさい。（各1点×4＝4点）

・花［　］かれた［　］、花瓶《かびん》［　］水［　］替《か》えた。

［ が　を　の　ので ］

学習内容

助詞は、文中での働きによって次の四つの種類に分けられる。

助詞の種類	どんな語に付くか	働き
格助詞	主に体言	他の語に対する関係を示す。
接続助詞	活用する語	接続の関係を示す。
副助詞	いろいろな語	意味を付け加える。
終助詞	文の終わり	話し手の気持ち・態度を表す。

確認2 格助詞(1)

▼格助詞は主に体言（名詞）に付いていろいろな意味を示し、また、その文節と、文中の他の文節との関係を示す働きをする。

例
・鳥がー飛ぶ。（「が」が付いて主語になっている）（主語）
・花のー名前。（「の」が付いて連体修飾語《れんたいしゅうしょくご》になっている）
・字をー書く。（「を」が付いて連用修飾語になっている）
・植物と動物。（「と」が付いて並立《へいりつ》の関係になっている）（並立）

格助詞	用例	意味	文節の関係
が	犬がほえる。	**主語**を示す。	**主語**になる。
	水が飲みたい。	「水を」と言い換《か》えられ、**対象**を示す。	
の	本の題名。	**連体修飾語**を示す。	**連体修飾語**になる。
	車の通る道。	「車が」と言い換えられ、**主語**を示す。	**主語**になる。
に	会社にいる。	**場所**を示す。	**連用修飾語**になる。
	七時に起きる。	**時間**を示す。	
	学校に行く。	**帰着点**（到着《とうちゃく》する所）を示す。	
	教師になる。	**変化の結果**を示す。	
	迎《むか》えに行く。	「〜のために」という、**動作の目的**を示す。	
	父に呼ばれる。	「〜から〜される」という、**受け身の出所**を示す。	
を	本を読む。	**対象**を示す。	
	橋をわたる。	**経過**する所を示す。	
	学校を出る。	**起点**（出発する所）を示す。	

---

1 次の文から、〔　〕の文節の関係を示す格助詞を書きぬきなさい。（各3点×5＝15点）

(1) 子どもが遊ぶ。〔主語を示す〕（　　）

(2) 夕食のおかず。〔連体修飾語を示す〕（　　）

(3) 雨の降る日に傘《かさ》を差す。〔主語を示す〕（　　）〔連用修飾語を示す〕（　　）・（　　）

2 次の——線部の格助詞の意味をそれぞれ［　］から選んで書きなさい。（各2点×3＝6点）

(1) 校庭に集まる。［時間　場所］（　　）

(2) 授業が九時に始まる。［場所　時間］（　　）

(3) ノートを買う。［対象　経過］（　　）

3 次の——線部と同じ意味のものに○をつけなさい。（各3点×2＝6点）

(1) 雑誌が読みたい。〈対象を示す〉
ア（　）青空が見たい。
イ（　）話し声が聞こえる。

(2) 顔のかわいい犬がいた。〈主語を示す〉
ア（　）部屋の窓を開ける。
イ（　）足の速い人と競走する。

（次ページに続く）

4 次の**ア〜ウ**の――線部のうち、他の二つと意味が異なるものを ヒント を参考にして選び、○をつけなさい。（各3点×4＝12点）

(1)
ア（　）ケーキが食べたい。
イ（　）虫が集まってくる。
ウ（　）本が読みたい。

ヒント 「〜を」と言《い》い換《か》えられるか確かめる。

(2)
ア（　）黒板の文字を読む。
イ（　）それは僕《ぼく》の本だ。
ウ（　）父の言うとおりにする。

ヒント 「〜の」が下の体言を修飾《しゅうしょく》しているか確かめる。

(3)
ア（　）学級委員になる。
イ（　）映画を見に行く。
ウ（　）荷物を取りに来る。

ヒント 「〜するために」と言い換えられるか確かめる。

(4)
ア（　）野菜を刻む。
イ（　）横断歩道を渡《わた》る。
ウ（　）鳥が空を飛ぶ。

ヒント 「を」の上の言葉が、経過する場所を示すか確かめる。

確認❸ 体言の代わりをする「の」

▼ **格助詞の「の」は、体言（名詞）の代わりをする用法がある（「こと」や「もの」と言い換えられる）。**

例 寝《ね》るのが好き。＝寝ることが好き。

次の**ア〜ウ**の――線部のうち、「こと」と言い換えられるものに○をつけなさい。（3点）

ア（　）隣《となり》の家は留守だ。
イ（　）走るのが得意だ。
ウ（　）天気の良い日に出かける。

確認❹ 格助詞(2)

格助詞	用例	意味	文節の関係
へ	北へ行く。	**方向**を示す。	**連用修飾語**になる。
	兄へ手紙を送る。	**相手**を示す。	
と	友達と遊ぶ。	「〜といっしょに」という、**共同**を示す。	
	中学生となる。	**変化の結果**を示す。	
	「いいね。」と言う。	**引用**を示す。	
	数学と社会を学ぶ。	**並立《へいりつ》**を示す。	**並立の関係**になる。
で	体育館で練習する。	**場所**を示す。	**連用修飾語**になる。
	バスで駅に行く。	「〜を使って」という、**手段**を示す。	
	五分で終わる。	**時限**（時間を限ること）を示す。	
	台風で電車が遅《おく》れる。	「〜のために」という、**原因・理由**を示す。	
から	教室から出る。	**起点**を示す。	
	紙は木材から作る。	**材料**を示す。	
	油断から失敗する。	**原因・理由**を示す。	
より	兄より大きい。	**比較《ひかく》の基準**を示す。	
	日本より発《た》つ。	**起点**を示す。	
	行くよりほかない。	**限定**（それと限ること）を示す。	
や	花や木を育てる。	**並立**を示す。	**並立の関係**になる。

1 次の――線部の格助詞の意味をそれぞれ［　］から選んで書きなさい。（各3点×4＝12点）

(1) 紙と鉛筆《えんぴつ》を用意する。　（　　　）

［並立　引用］

(2) 図書館で勉強する。　（　　　）

［手段　場所］

(3) 空港から飛行機が飛び立つ。　（　　　）

［材料　起点］

(4) 私より歌が上手だ。　（　　　）

［比較の基準　起点］

2 次の――線部と同じ意味のものに○をつけなさい。（各3点×4＝12点）

(1) 西へ戻《もど》る。〈方向を示す〉

ア（　）もっと前へ行く。

イ（　）祖母へ連絡《れんらく》する。

(2) 「おかえりなさい。」と母が言った。〈引用を示す〉

ア（　）君と僕《ぼく》は親友だ。

イ（　）犬と散歩に行く。

ウ（　）「お疲《つか》れさま。」と声をかけた。

(3) 筆で文字を書く。〈手段を示す〉

ア（　）三回でやめる。

イ（　）教室で友達と話す。

ウ（　）電車で東京に行く。

(4) 石油からプラスチックを作る。〈材料を示す〉

ア（　）東から西へ行く。

イ（　）牛乳からチーズができる。

ウ（　）感激から泣き出す。

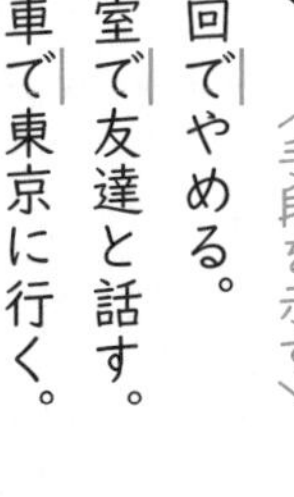

3 次の**ア**〜**ウ**の――線部のうち、他の二つと意味が異なるものを ヒント を参考にして選び、○をつけなさい。（各4点×3＝12点）

(1)

ア（　）妹と公園で遊ぶ。

イ（　）次の日は快晴となる。

ウ（　）先生と写真に写る。

ヒント 「〜といっしょに」と言い換えられるか確かめる。

(2)

ア（　）雨で試合が中止になる。

イ（　）タオルで汗《あせ》をぬぐう。

ウ（　）かぜで学校を休む。

ヒント 「〜のために」と言い換えられるか確かめる。

(3)

ア（　）犬より猫《ねこ》が好きだ。

イ（　）君より速く走れる。

ウ（　）頑張《がんば》ってみるよりほかないな。

ヒント 「〜と比べて」と言い換えられるか確かめる。

確認① 接続助詞(1)

▼接続助詞は、活用する語に付いて接続の関係を示す。

例
・晴れたから、出かけよう。 → 順接(前の内容があとの内容の理由になっていることを表す)
・行ったけれど、会えなかった。 → 逆接(前の内容から見て、あとの内容が予想外であることを表す)
・安いし、きれいだ。 → 並立《へいりつ》(前後の内容が並んでいることを表す)

接続助詞	用例	接続の関係
ので	疲《つか》れたので、寝《ね》る。	順接
から	古いから、よく壊《こわ》れる。	順接
のに	呼んだのに、返事がない。	逆接
けれど(けれども)	苦しいけれど、頑張《がんば》る。	逆接
ても(でも)	雨が降っても、行きます。	逆接
ながら	知っていながら、教えない。	逆接
し	軽いし、デザインもよい。	並立

*「ながら」には、次の用法もある。
例 話しながら歩く。
(話すのと同時に歩く、という意味を表している。)

次の――線部の接続の関係は、順接・逆接・並立のうちのどれですか。(各4点×7＝28点)

(1) 値段が安いので、買ってみた。 (　　)
(2) 勉強したのに、忘れてしまった。 (　　)
(3) 辞書で調べても、わからない。 (　　)
(4) 風もないし、どんよりくもっていた。 (　　)
(5) わかっていながら、ついやってしまう。 (　　)
(6) 日差しが強いから、帽子《ぼうし》をかぶろう。 (　　)
(7) たくさん食べるけれど、太らない。 (　　)

確認② 接続助詞(2)

接続助詞	用例	接続の関係
ば	全力で走れば、間に合う。	順接
	肉もあれば、野菜もある。	並立
と	教室に入ると、山田君がいた。	順接
	何があろうと、あわてない。	逆接
が	風は強いが、寒くない。	逆接
	音楽も好きだが、絵も好きだ。	並立
て(で)	荷物が重くて持てない。	順接
	声が高くて大きい。	並立

*「て」には、次の用法もある。
例 いすに座《すわ》って本を読む。
(座り、それから読むという動作の移り変わりを表している。)

得点　　／100点
学習日　　月　　日

次の――線部の接続の関係は、順接・逆接・並立のうちのどれですか。（各4点×8＝32点）

(1)
① よく読めば、理解できるよ。〔　　〕
② 良い日もあれば、悪い日もある。〔　　〕

(2)
① 地震《じしん》が来ようと、怖《こわ》くない。〔　　〕
② 風呂《ふろ》から上がると、眠《ねむ》くなった。〔　　〕

(3)
① 小説も読むが、伝記も読む。〔　　〕
② 時間になったが、彼《かれ》は来ない。〔　　〕

(4)
① おなかがすいて力が出ない。〔　　〕
② このプールは、深くて広い。〔　　〕

確認❸ 仮定と確定

▼接続助詞は、仮定と確定という分け方もできる。

① 仮定…「もしも～ならば」と想像したことを述べる。
② 確定…事実として確かなことを述べる。

例 ても（でも）
・何を言われても、気にしません。（仮定（の逆接））
・買っても、使わなかった。（確定（の逆接））

次の――線部の接続助詞は、仮定・確定のうちのどちらを表していますか。（各4点×4＝16点）

(1)
① 明日は忙《いそが》しくても、病院へ行こう。〔　　〕（の逆接）
② 昨日は服が汚《よご》れても、平気だった。〔　　〕（の逆接）

(2)
① 持っているのに、使わない。〔　　〕（の逆接）
② 大きな声で歌えば、楽しい。〔　　〕（の順接）

確認❹ 格助詞と接続助詞の見分け方

・格助詞……主に体言（名詞）に付く。
・接続助詞…主に活用する語（用言や助動詞 ▼P100）に付く。

例
・小鳥が、さえずっている。（「小鳥」（名詞）に付く⇩格助詞）
・安いが、品は良い。（「安い」（形容詞）に付く⇩接続助詞）

次の――線部の語は、ア格助詞、イ接続助詞 のうちのどちらですか。記号で答えなさい。（各4点×6＝24点）

(1)
① （　）ビルが、完成した。〈名詞〉
② （　）工事中だったが、完成した。〈助動詞〉

(2)
① （　）東京駅から出発します。
② （　）話がおもしろいから、人が集まる。

(3)
① （　）後ろを振《ふ》り返《かえ》ると、弟がいた。
② （　）安田さんとボーリングをした。

確認❶ 副助詞(1)

▼副助詞は、いろいろな語に付いてさまざまな意味を付け加える。

例
- これだけが残った。→限定（それだけに限ること）（他は残っていないが、これは残った）
- お茶などを買う。→例示（例をあげること）（お茶をはじめいろいろなものを買う）
- 今度こそ勝つぞ。→強調（前の言葉を強めること）（前回は勝てなかったが、今度は勝つ）

副助詞	用例	意味
は	私は知らない。	**取り立て**（他と区別して取り出すこと）を示す。
	犬は動物です。	**題目**（話題として特にそれをあげること）を示す。
も	バタフライも得意だ。	**同類**の一つであることを示す。
	彼《かれ》は手も足も長い。	**並立**《へいりつ》を示す。
	二時間も走る。	**強調**を示す。
こそ	次こそ絶対に勝つ。	**強調**を示す。
さえ	飲み水さえない。	**類推**（一例をあげて他をおしはからせること）を示す。
	紙さえあれば十分だ。	「紙だけあれば」と、**限定**する意味を示す。
	体ばかりか声さえ大きい。	**添加**《てんか》（「そのうえに」という意味）を示す。
でも	子供でも知っている。	**類推**を示す。
	コーヒーでも飲もうか。	**例示**を示す。
しか	パンしか食べていない。	**限定**を示す。
まで	二十名まで参加できる。	**限度**（数量などを限ること）を示す。
	妹にまで笑われた。	**類推**を示す。

1 ――線部に注意して、次の文の意味の説明として正しいほうに○をつけなさい。（各6点×3＝18点）

(1) 私も帰ります。
ア（　）私以外の人も帰る。
イ（　）私以外の人は帰らない。

(2) 一円玉さえ持っていない。
ア（　）百円玉はもちろん、一円玉も持っていない。
イ（　）一円玉だけ持っていない。

(3) あの店にしかない。
ア（　）他の店にもあるが、あの店にもある。
イ（　）他の店にはなく、あの店にはある。

2 次の――線部の副助詞の意味を[　]から選んで書きなさい。（各6点×4＝24点）

(1)
① 僕《ぼく》は納豆《なっとう》も梅干しも好きだ。〈納豆と梅干し、両方とも好きだ〉［　］
② 店の外に二時間も並んだ。〈二、三十分ではなく、二時間並んだ〉［　］

(2)
① この歌なら、父でも知っている。〈他の人はもちろん、父も知っている〉［　］
② 麦茶でも入れようか。〈飲み物でも、例えば麦茶を入れようか〉［　］

［強調　類推　並立　例示］

得点
／100点
学習日
月　日

1 次の——線部の意味を［　　］から選んで書きなさい。（各6点×6＝36点）

(1)
① 漫画《まんが》ばかり読んでいる。〈漫画以外は読んでいない〉（　　）
② 三年ばかりイギリスで暮らした。〈三年ほどイギリスで暮らした〉（　　）

(2)
① それだけ努力すれば合格です。〈合格に必要な努力の度合いを示す〉（　　）
② 僕だけが手袋《てぶくろ》をはめていた。〈僕以外の人は手袋をはめていない〉（　　）

(3)
① あいさつぐらいはしましょう。〈最低限あいさつはしましょう〉（　　）
② 三十分くらい電話で話した。〈三十分ほど電話で話した〉（　　）

［限定　程度　限度］

2 次の——線部と同じ意味のものに○をつけなさい。（各6点×2＝12点）

(1) 兄はどこかへ出かけた。〈不確かさ〉
ア（　）だれかが呼んでいるような気がした。
イ（　）中止か延期か早く決めましょう。

(2) 自分のことばかり考えてもいけない。〈限定〉
ア（　）宿題を終えたばかりです。
イ（　）彼女《かのじょ》は風景ばかり描《えが》いている。
ウ（　）散歩で一時間ばかり歩いた。

3 次の——線部と同じ意味のものに○をつけなさい。（各5点×2＝10点）

(1) 紙と鉛筆《えんぴつ》さえあればよい。〈限定〉
ア（　）この公園には、ブランコさえない。
イ（　）君さえ来てくれれば、うれしいよ。

(2) 母にまで怒《おこ》られた。〈類推〉
ア（　）本は一度に五冊まで借りられる。
イ（　）雨のせいで、靴《くつ》の中までぬれた。

確認❷ 副助詞(2)

副助詞	用例	意味
ばかり	五分ばかり経過した。	**程度**（だいたいそれくらいということ）を示す。
	時計ばかり見ている。	**限定**を示す。
	いま着いたばかりです。	「着いて間もない」という、**動作の直後**を示す。
だけ	それだけあれば足りる。	**程度**を示す。
	君だけが知っている。	**限定**を示す。
ほど	学校を三日ほど休んだ。	**程度**を示す。
くらい（ぐらい）	二つくらいの女の子。	**程度**を示す。
	返事ぐらいしなさい。	**限度**を示す。
など	肉や卵などを買う。	**例示**を示す。
か	何度か来たことがある。	「何度かわからないが」という、**不確かさ**を示す。
	好きか嫌《きら》いかを尋《たず》ねる。	**並立**を示す。

⑩ 助詞 終助詞／まとめ

確認① 終助詞

▼ **終助詞は、主に文の終わりに付いて、話し手の気持ちや態度を表す。**

例
- 青い空だなあ。→感動（深く心が動くこと）**（「青い空」に心を動かされている）**
- もう帰るんだね。→念押《ねんお》し（人に確かめること）**（帰ることを確かめている）**
- 映画に行こうよ。→勧誘《かんゆう》（そうするように人をさそうこと）**（いっしょに行くようにすすめている）**

終助詞	用例	意味
か	明日は晴れるだろうか。	**疑問**を示す。
	へえ、そうだったのか。	**感動**を示す。
な	余計なことを言うな。	**禁止**を示す。
	今日はもう帰りな。	**命令**を示す。
な（なあ）	きれいな星だなあ。	**感動**を示す。
ね（ねえ）	うらやましいねえ。	**感動**を示す。
	この本は、君の本だね。	**念押し**を示す。
ぞ	練習を始めるぞ。	**強調**を示す。
よ	彼《かれ》は必ず来るよ。	**告知**を示す。
	いっしょに行こうよ。	**勧誘**を示す。
	雨よ、降っておくれ。	**呼びかけ**を示す。
の	どこへ行くの。	**疑問**を示す。
わ	まあ、かわいい犬だわ。	**感動**を示す。
かしら	誰《だれ》のノートかしら。	**疑問**を示す。
	ねえ、来てくれないかしら。	**依頼《いらい》**を示す。

次の――線部と同じ意味のものに○をつけなさい。（各5点×6＝30点）

(1) 中村選手は、シュートを決めるだろうか。〈疑問〉
- ア（　）ああ、なんとすばらしいことか。
- イ（　）ここはどこなのだろうか。

(2) おしゃべりをするな。〈禁止〉
- ア（　）あまり食べ過ぎるな。
- イ（　）好きなだけ持っていきな。

(3) 犬の散歩を済ませたね。〈念押し〉
- ア（　）ノートを忘れずに買ったね。
- イ（　）君のお父さんは本当にすてきだね。

(4) 今年の文化祭は来月だよ。〈告知〉
- ア（　）夢よ、覚めないでくれ。
- イ（　）実験は成功したよ。

(5) さあ、みんなで踊《おど》ろうよ。〈勧誘〉
- ア（　）暗くなったから、早く帰ろうよ。
- イ（　）もう寝《ね》る時間だよ。

(6) 私の帽子《ぼうし》、どこに置いたかしら。〈疑問〉
- ア（　）あなたの本を貸してくれないかしら。
- イ（　）アメリカは、今何時かしら。

参考

終助詞の中には、文の終わり以外で用いられるものもある。

例 あのさ、今度の日曜日にね、サッカーを見に行こうよ。

得点 ／100点

学習日 月 日

「助詞」まとめ

1 次の――線部の助詞の種類を書きなさい。（各5点×6＝30点）

(1)
① 重かったが、なんとか運び入れた。 （　　　助詞）
② 冷やしておいた桃《もも》がおいしい。 （　　　助詞）

(2)
① 風の吹《ふ》いてくる方角を知る。 （　　　助詞）
② 「何をしているの。」と尋《たず》ねた。 （　　　助詞）

(3)
① 豆腐《とうふ》は大豆から作ります。 （　　　助詞）
② すぐ終わるから、待っていてね。 （　　　助詞）

2 次の文章を読んで、あとの問いに答えなさい。（各4点×10＝40点）

雨が①降ると②、みなさんは③どんな気分になりますか④。あるときは憂《ゆう》うつになったり、またあるときは喜んだり……。みなさんにも記憶《きおく》があることでしょう。

話は変わりますが、僕《ぼく》はなかなかの雨男のようです。雨がやんで外にⓐ出たとたん、僕が出てくるのⓑを待っていたかのように再び雨が降り出します。仕方がないので本屋などで時間をつぶしながら、雨がやむのを待ちます。やっと晴れ間がのぞいたので、今度こそ大丈夫《だいじょうぶ》だぞとⓒ思って外へ出ると、僕をⓓあざ笑うかのように雨つぶが……。

僕は雨にまでⓔほんろうされるのかと思ってしまいます。

(1) ――線①～④の助詞を次の種類に分け、それぞれ記号で答えなさい。

格助詞（　　　）　接続助詞（　　　）
副助詞（　　　）　終助詞（　　　）

(2) 〰〰線ⓐ～ⓔと同じ意味のものに○をつけなさい。

ⓐ ア（　）妹を呼びに行く。
　 イ（　）階段で三階に上がる。
ⓑ ア（　）パンの焼けるにおいがする。
　 イ（　）本を読むのが趣味《しゅみ》だ。
ⓒ ア（　）きっとやろうと決心した。
　 イ（　）母とデパートへ行く。
ⓓ ア（　）手伝ってくれる人を集める。
　 イ（　）東京を出て西へ向かう。
ⓔ ア（　）姉まで私をからかった。
　 イ（　）七時までテレビを見る。

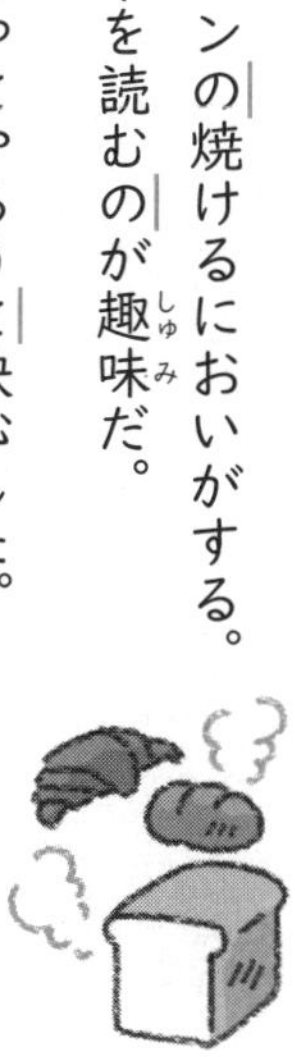

(3) ＝線部の接続助詞が表す接続の関係を［　］から選んで書きなさい。

［順接　逆接　並立《へいりつ》］

（　　　）の関係

⑪ 助動詞

助動詞の性質と働き／【せる・させる】

得点　／100点
学習日　月　日

確認❶ 助動詞の性質と働き

① 付属語で活用する。

例 おやつ（自）は（付）（助詞）／食べ（自）ない（付）。→助動詞
（自＝自立語　付＝付属語）

→「ない」は、自立語（動詞「食べ」）に付いて文節を作っているので付属語である。

→「なかっ（た）・なけれ（ば）」などと活用する。 P151

② 用言や体言、助詞や他の助動詞に付いて、いろいろな意味を付け加えたり、話し手（書き手）の判断を表したりする。

例
● 生で食べ（用言（動詞））られる。（可能を表す）
● 冬山には登ら（用言（動詞））ない。（否定を表す）

＊助動詞には、他に次のような語がある。
「せる・させる・う・よう・た・だ・です・ます・ようだ」など。

1 次の══線部の単語について性質や品詞名を考えます。［　］にあてはまる言葉を確認❶から書きぬきなさい。（各3点×4＝12点）

〈弟は／百まで／数えられる。〉

① 自立語（動詞「数え」）のあとに付いて文節を作っているので、［　　］語であり、「（数え）られ（ない）」「（数え）られれ（ば）」などと［　　］する。

② 「られる」は、「（数えることが）できる」という意味、つまり、［　　］を表している。

③ 「られる」の品詞は［　　］詞である。

2 次の［　］に、──線部の助動詞を活用させて書き入れなさい。（各3点×4＝12点）

〈終止形〉

(1) 頭を働かせる。→頭を働か［　］よう。

(2) 急用で行けない。→急用で行け［く］なる。

(3) 早く帰ります。→早く帰り［　　］う。

(4) 先生になりたい。→先生になり［　　］た。

3 次の（　）の意味に合う助動詞を、［　］から選んで書き入れなさい。（助動詞は一回ずつしか使えません。）（各3点×4＝12点）

(1) （否定）……この機械は動か（　　）。

(2) （たとえ）…まるで赤い花びらの（　　）。

(3) （推定）……明日も晴れる（　　）。

(4) （断定）……これは父のかばん（　　）。

［だ　らしい　ない　ようだ］

確認❷ 【せる・させる】の意味

▼ 他に何かをさせるという、使役《しえき》の意味を表す。

例
・妹が本を読む。
・妹に本を読ませる。

・妹が本を閉じる。
・妹に本を閉じさせる。

1 次の□に助動詞「せる」または「させる」を書き入れて、使役の意味を表す文を作りなさい。（各4点×4＝16点）

(1) 作文を書く。→ 弟に作文を書か□。

(2) 箱を開ける。→ 友達に箱を開け□。

(3) 責任をもつ。→ 責任をもた□。

(4) 花を植える。→ 花を植え□。

2 次の□に、助動詞「せる」または「させる」を活用させて書き入れなさい。（各4点×5＝20点）

(1) 花を咲《さ》か□た。

(2) 試験を受け□ば合格するだろう。

(3) すぐに来□ろ。

(4) 手伝いをさ□ます。

(5) 考えを述べ□ましょう。

（「せる・させる」の活用表 150ページ）

確認❸ 【せる・させる】の接続

▼ 「せる・させる」は、動詞の未然形に接続する。

例 「行く」の未然形 行か せる　「見る」の未然形 見 させる　「訪ねる」の未然形 訪ね させる

▼ 動詞に付いている助動詞が、「せる」なのか「させる」なのかを見分けるには、動詞に「ない」を付けて未然形を作ってみる。その未然形に続く「せる」か「させる」が助動詞である。

例
・出させる＝出さ(ない)＋せる（助動詞は「せる」）
・捨てさせる＝捨て(ない)＋させる（助動詞は「させる」）
・来させる＝来(ない)＋させる（助動詞は「させる」）

＊ただし、サ変動詞「する」の場合は、「し(ない)」の「し」ではなく、未然形「し・せ・さ」のうちの「さ」に「せる」が付いて「さ－せる」という形になる。

1 次の語句を動詞と助動詞に分けなさい。（各3点×4＝12点）

〈動詞〉　〈助動詞〉

(1) 話させる　＝□(ない)＋□

(2) 与《あた》えさせる＝□(ない)＋□

2 次の文中の助動詞「せる・させる」に――線を引きなさい。（各4点×4＝16点）

(1) 荷物をおろさせる。

(2) 彼《かれ》にボールを投げさせる。

(3) グランドに来させる。

(4) 毎日トレーニングをさせる。〈サ変動詞〉

⑪ 助動詞 【れる・られる】／【たい・たがる】

得点　／100点
学習日　月　日

確認① 【れる・られる】の意味

① **受け身（他から動作を受ける）** 例 母に注意される。
② **可能（～することができる）** 例 球を遠くまで投げられる。
③ **自発（自然と～する）** 例 幼い頃《ころ》が思い出される。
④ **尊敬（相手を敬う気持ちを表す）** 例 校長先生が話される。

1 次の――線部の助動詞「れる・られる」の意味は、受け身・可能・自発・尊敬　のうちのどれですか。（各4点×4＝16点）

(1) 失敗してみんなから笑われる。［　　］
(2) この服は小さすぎて着られない。［　　］
(3) 昔のことが（自然と）思い出される。［　　］
(4) 先生が来られて、お話をしてくださる。［　　］

2 次の□に、助動詞「れる」または「られる」を活用させて書き入れなさい。（各4点×4＝16点）

(1) 五分と座《すわ》ってい［　　］ない。
(2) 劇の主役に選ば［　　］た。
(3) 信頼《しんらい》さ［　　］人になりたい。
(4) 時間通り始め［　　］ばいいな。

（「れる・られる」の活用表　150ページ）

確認② 【れる・られる】の接続

▼ **「せる・させる」と同じく、動詞の未然形に接続する。**
例 行か れる（「行く」の未然形）　降り られる（「降りる」の未然形）　越《こ》え られる（「越える」の未然形）

▼ **動詞に付いている助動詞が、「れる」なのか「られる」なのかを見分けるには、動詞に「ない」を付けて未然形を作ってみる。**
例
- 取られる＝取ら（ない）＋れる **（助動詞は「れる」）**
- 起きられる＝起き（ない）＋られる **（助動詞は「られる」）**
- 来られる＝来（ない）＋られる **（助動詞は「られる」）**

＊サ変動詞「する」の場合は、「さ―れる」という形になる。

1 次の語句を動詞と助動詞に分けなさい。（各2点×6＝12点）

（動詞）　（助動詞）
(1) 尋《たず》ねられる＝［　　］（ない）＋［　　］
(2) 蹴《け》られる＝［　　］（ない）＋［　　］
(3) 見られる＝［　　］（ない）＋［　　］

2 次の文中の助動詞「れる・られる」に――線を引き、その意味を［　］から選んで記号で答えなさい。（完答各3点×6＝18点）

(1) 彼女《かのじょ》が会長に選ばれる。［　　］
(2) 運良く試合に出られる。［　　］
(3) 入院中の祖母のことが案じられる。［　　］

(4) この服は古いが、まだ着られる。　〔　　〕

(5) 先生が最後の授業をされる。〈サ変動詞〉　〔　　〕

(6) レポーターから状況《じょうきょう》を報告される。〈サ変動詞〉　〔　　〕

ア 受け身　イ 可能　ウ 自発　エ 尊敬

確認③ 【たい・たがる】の意味

① たい…自分の希望を表す。

例 僕《ぼく》は早く家に帰りたい。

② たがる…他の人の希望を表す。

例 妹はおもちゃ屋に寄りたがる。

1 次の――線部の助動詞の意味は、ア自分の希望、イ他の人の希望のうちのどちらですか。記号で答えなさい。（各2点×5＝10点）

(1) 私は博物館にぜひ行きたい。　〔　　〕

(2) 弟がパンを食べたがる。　〔　　〕

(3) 真実を言いたがらない。　〔　　〕

(4) どうしても実現させたかった。　〔　　〕

(5) テレビを見たいので、別の部屋に行く。　〔　　〕

2 次の□に、助動詞「たい」または「たがる」を活用させて書き入れなさい。（各3点×6＝18点）

(1) 僕はこの本を読み〔かっ〕た。

(2) 父は歯医者に行き〔　　〕ない。

(3) 僕はここで思いきり叫《さけ》び〔　　〕。

(4) 彼《かれ》が真実を知り〔　　〕のも無理はない。

(5) 私は、自分が買い〔　　〕ば、買うつもりです。

(6) 姉は、誰《だれ》よりも目立ち〔　　〕ます。

3 次の文中の「たい・たがる」の活用形に――線を引きなさい。（右の**2**の問題を参考にしなさい。）（各2点×5＝10点）

(1) この現状を、ぜひ知ってもらいたかった。

(2) 弟は、家の手伝いをしたがらない。

(3) あなたには教えたいけれど、やはり言えません。

(4) 妹は、私の服ばかり着たがります。

(5) 水を飲みたければ、飲んでもいいよ。

参考

「たい・たがる」は、動詞と助動詞の連用形に接続する。

例
- 飛行機に乗りたい（たがる）。（動詞の連用形）
- 彼に行かせたい（たがる）。（助動詞の連用形）

（「たい・たがる」の活用表 150ページ）

⑪ 助動詞 【ない・ぬ(ん)】／【だ・です】／【ます】

得点 ／100点
学習日 月 日

確認① 【ない・ぬ(ん)】の意味

▼動作や状態を打ち消す、否定の意味を表す。

例
- 彼女《かのじょ》の名前を知らない。
- 父はほとんど酒を飲まぬ（飲まん）。

1 次の文を、〈 〉の助動詞を使って否定を表す文に書き換《か》えます。□にあてはまる言葉を書き入れなさい。（各3点×2＝6点）

(1) 声が聞こえる。〈ない〉
↓
うるさくて声が全然［　　　　］。

(2) 祖母は雑誌を読む。〈ぬ〉
↓
祖母は、まったく雑誌を［　　　］。

2 次の□に、上の助動詞「ない」や「ぬ」を活用させて書き入れなさい。（各5点×5＝25点）

(1)「ない」……お金がないので、買え［か］た。
(2)「ぬ」……彼《かれ》は人の悪口を決して言わ［　］人だ。
(3)「ない」……今やら［　れ］ば、後悔《こうかい》するぞ。
(4)「ぬ」……君が行か［　］ば、僕《ぼく》が行く。
(5)「ない」……空腹になると、力が入ら［　　］なる。

（「ない・ぬ(ん)」の活用表 151ページ）

参考

「ない・ぬ(ん)」は、動詞と助動詞の未然形に接続する。

例
- 終わらない　終わらぬ(ん)　（動詞の未然形）
- 食べられない　食べられぬ(ん)　（助動詞の未然形）

＊サ変動詞に接続する場合、「ない」は「しない」となり、「ぬ(ん)」は「せぬ(ん)」となる。

確認② 【だ・です】の意味

▼はっきりと判断を下す、断定の意味を表す。

例
- 兄は高校生だ。
- あれは鳥です。

＊「です」は、「だ」の丁寧《ていねい》な言い方。

1 次の文を、〈 〉の助動詞を使って断定を表す文に書き換えます。□にあてはまる言葉を書き入れなさい。（各3点×2＝6点）

(1) あそこにいるのはハトかな。〈だ〉
↓
あそこにいるのは［ハト］。

(2) 明日は姉の誕生日かもしれない。〈です〉
↓
明日は姉の［　　　　］。

2 次の□に、上の助動詞「だ」や「です」を活用させて書き入れなさい。（各5点×6＝30点）

(1)「だ」……彼の学校はもうすぐ冬休み［　　］う。

(2) 「です」……とてもすてきな先生［　　］た。

(3) 「です」……以上が私の意見［　　］。

(4) 「だ」……平和は、人類の願い［　］ある。

(5) 「です」……これは、たぶん僕の本［で　　］う。

(6) 「だ」……疲《つか》れているの［な　］ば、今度にしよう。

参考

「だ・です」は、体言（名詞）や助詞の「の」・「ほど」・「だけ」、動詞・形容詞の終止形などに接続する。

例
- 次は国語の授業だ（です）。　**（体言）**
- 今日こそやるのだ（です）。　**（助詞）**
- 山に登るだろう（でしょう）。　**（動詞の終止形）**

（「だ・です」の活用表　150ページ）

確認❸【ます】の意味

▼**話し手が聞き手に対して言葉遣《ことばづか》いを丁寧にして述べる意味を表す。**

例 まもなく五時になります。

＊仮定形の「ますれ」より、「ましたら」（「ます」の連用形「まし」＋助動詞「た」の仮定形「たら」）という言い方が用いられることが多い。

例 日程が決まりますれば、お知らせします。
→日程が決まりましたら、お知らせします。

＊命令形の「ませ・まし」は、「いらっしゃる・おっしゃる・なさる・くださる」といった尊敬語 ▼P136 の動詞に付く。

例 いらっしゃいませ。　いらっしゃいまし。

---

1 次の文を、助動詞「ます」を使った文に書き換えます。□にあてはまる言葉を書き入れなさい。（各3点×3＝9点）

(1) 毎日牛乳を飲む。
→毎日牛乳を［飲み　　］。

(2) 高田先生がいらっしゃる。
→高田先生が［いら　　　　　　］。

(3) 友達に電話をかけている。
→友達に電話を［　　　　　　］。

2 次の□に、助動詞「ます」を活用させて書き入れなさい。（各4点×6＝24点）

(1) そのようなことは聞いており［　　］ん。

(2) 元気にあいさつをし［　　］う。

(3) 新しい服を買い［　　］た。

(4) 「では行ってまいり［　　］。」と言った。

(5) もうすぐ着き［　　］ので、待っていてください。

(6) どうぞお入りください［　せ］。

参考

「ます」は、動詞と助動詞の連用形に接続する。

例
- 六時までに帰ります。　**（動詞の連用形）**
- 本を読ませます。　**（助動詞の連用形）**

（「ます」の活用表　151ページ）

⑪ 助動詞【た】／【う・よう】

確認① 【た】の意味

① **過去（すでに終わったことを表す）**
例 父にほめられた。

② **完了《かんりょう》（動作や状態が今実現したことを表す）**
例 東京駅に今着いたばかりです。

③ **存続（ある動作の結果や状態が続いていることを表す）**
例 先のとがった（＝とがっている）鉛筆《えんぴつ》。

＊存続の「た」は、「〜ている」「〜てある」に置《お》き換《か》えられる。

1 次の——線部の助動詞の意味を［　］から選んで書きなさい。（各4点×3＝12点）

(1) 昨日、野球部の試合の応援《おうえん》に行った。（　　）

(2) 演奏会が、たった今終わったばかりだ。（　　）

(3) 曲がった（＝曲がっている）針金を直す。（　　）

［過去　完了　存続］

2 次の——線部と同じ意味のものに○をつけなさい。（各6点×2＝12点）

(1) 風呂《ふろ》から上がったところです。
ア（　）交差点で先生に会った。
イ（　）今、新幹線に乗ったばかりです。
ウ（　）具のたくさん入ったスープを作る。

(2) 壁《かべ》に飾《かざ》った絵を見る。
ア（　）ぬれたハンカチを干す。
イ（　）収穫《しゅうかく》したばかりの野菜は新鮮《しんせん》だ。
ウ（　）今日のテストは難しかった。

参考
「た」は、確認《かくにん》（そうだと認める）の意味を表すこともある。
例 これは、あなたの本でしたね。

3 次の文中の助動詞「た」の活用形に——線を引き、その意味を［　］から選んで記号で答えなさい。（完答各5点×4＝20点）

(1) 変わったデザインのシャツを着る。（　　）

(2) 友美《ともみ》は、今学校から帰ったところだ。（　　）

(3) 準備にずいぶん時間がかかったろう。（　　）

(4) 去年は海に行ったので、今年は山に行こう。（　　）

［ア 過去　イ 完了　ウ 存続］

参考
「た」は、用言と助動詞の連用形に接続する。
例 ・目が覚めた。（**用言の連用形**）
・映画を見たかった。（**助動詞の連用形**）

＊「た」が、ガ・ナ・バ・マ行の動詞に接続するときは、「だ」と濁《にご》る。
例 ・泳いだ（**泳ぐ＝ガ行**）　・死んだ（**死ぬ＝ナ行**）
・飛んだ（**飛ぶ＝バ行**）　・読んだ（**読む＝マ行**）

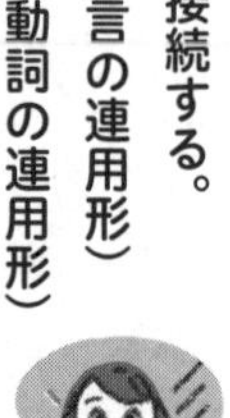

（「た」の活用表 151ページ）

得点
／100点
学習日
月　日

確認❷ 【う・よう】の意味

① **意志（話し手の積極的な気持ちを表す）**

例
・私がそこに行こう。
・もっと練習しよう。

② **推量（想像などによっておしはかる意味を表す）**

例
・海はおだやかだろう。
・この商品はかなり売れよう。

次の——線部の助動詞「う・よう」の意味は、**ア**意志、**イ**推量のうちのどちらですか。記号で答えなさい。（各4点×6＝24点）

(1) 僕《ぼく》が代わりに行こう。　（　　）
(2) 誰《だれ》もいない教室は静かだろう。　（　　）
(3) いつか優勝する日も来よう。　（　　）
(4) 僕も積極的に地域の活動に参加しよう。　（　　）
(5) 尊敬される教師になろうと思う。　（　　）
(6) 明日の天気は晴れだろう。　（　　）

参考

「う・よう」は、勧誘《かんゆう》（相手を誘《さそ》う）の意味を表すこともある。

例
・いっしょに行こう。
・ひと休みしようよ。

確認❸ 【う・よう】の接続

▼**「う・よう」は、用言の未然形などに接続するが、「う」と「よう」では接続する語に違《ちが》いがある。**

① **「う」…五段活用の動詞・形容詞・形容動詞に接続する。**

例　書こう（五段活用の動詞）　美しかろう（形容詞）　暖かだろう（形容動詞）

② **「よう」…五段活用以外の動詞に接続する。**

例　起きよう（上一段活用）　食べよう（下一段活用）　来よう（カ変）　しよう（サ変）

1 次の語を、助動詞「う」または「よう」を付けて活用させなさい。（各4点×3＝12点）

(1) 飛ぶ〈五段活用〉→　空を［　　　］。
(2) 信じる〈上一段活用〉→　彼《かれ》を［　　　］。
(3) 同じだ〈形容動詞〉→　全部［　　　］。

2 次の文中の助動詞「う・よう」に——線を引きなさい。また、その意味は、**ア**意志、**イ**推量のうちのどちらですか。記号で答えなさい。（完答各5点×4＝20点）

(1) 放課後、図書館に行こうと思っている。　（　　）
(2) 練習がつらかろうと頑張《がんば》る。　（　　）
(3) 今日は一人でテレビを見よう。　（　　）
(4) こんなに早く解決しようとは思わなかった。　（　　）

（「う・よう」の活用表 151ページ）

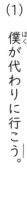

⑪ 助動詞【まい】その他／まとめ

確認① 【まい】の意味

① **否定の意志（〜ないつもりだ）**
例 余計なことは言うまい。（「言わないつもりだ」の意味）

② **否定の推量（〜ないだろう）**
例 用心すれば、火事は起こるまい。（「起こらないだろう」の意味）

次の――線部の助動詞「まい」の意味は、**ア**否定の意志、**イ**否定の推量 のうちのどちらですか。記号で答えなさい。（各2点×5＝10点）

(1) あの人には会うまい。〈会わないつもりだ〉
(2) 機械は簡単に壊《こわ》れまい。〈壊れないだろう〉
(3) 行こうか行くまいか迷います。
(4) 荷物が今日届くことはあるまい。
(5) 父はそんないい加減には考えまい。

参考
「まい」は、五段活用の動詞には終止形に、五段活用以外（上一段・下一段・カ変・サ変）の動詞には未然形に接続する。
例
・絶対に泣くまい。（**五段活用の終止形**）
・スピードは落ちまい。（**上一段活用の未然形**）
・時間どおりには来まい。（「こ」と読む⇩**カ変の未然形**）

（「まい」の活用表 151ページ）

確認② 【ようだ・ようです】の意味

① **推定（ある根拠《こんきょ》に基《もと》づいておしはかる）**
例 弟が目を覚ましたようだ（ようです）。

② **たとえ（他のものにたとえる）**
例 その目は、まるでタカの目のようだ（ようです）。
＊「ようです」は、「ようだ」の丁寧《ていねい》な言い方。

1 次の――線部の助動詞「ようだ・ようです」の意味は、**ア**推定、**イ**たとえ のうちのどちらですか。記号で答えなさい。（各2点×4＝8点）

(1) 目がかすむ。どうも視力が落ちたようだ。
(2) まるで綿のようなやわらかさだ。
(3) 彼《かれ》の話し方は、落語家のようでした。
(4) 体育祭は、雨のため延期になるようです。

参考
「ようだ」は、例示（例をあげて示す）の意味を表すこともある。
例 君のようなまじめな人を推薦《すいせん》したい。

2 次の□に、上の助動詞「ようだ」や「ようです」を活用させて書き入れなさい。（各2点×6＝12点）

(1) 「ようだ」……父の体は、クマの［　　　だ　］た。
(2) 「ようです」……彼はすでに帰った［　　　で　］た。

（「ようだ・ようです」の活用表 151ページ）

得点 ／100点
学習日 月 日

(3)「ようだ」……友達からうその［　］話を聞いた。

(4)「ようだ」……白鳥は北へ向かう［　］ある。

(5)「ようだ」……兄の顔は怒《おこ》っている［　］見える。

(6)「ようだ」……暑い［　］ば、窓を開けよう。

参考

「ようだ・ようです」は、用言の連体形、助詞の「の」、連体詞などに接続する。

例
- 明日は晴れるようだ(ようです)。 **(用言の連体形)**
- 彼の性格は子どものようだ(ようです)。 **(助詞の「の」)**
- あのようなことは二度と起きなかった。 **(連体詞)**

確認3 【そうだ・そうです】の意味

① **様態(そういう様子だ、という意味を表す)**

例 今年の冬は寒くなりそうだ(そうです)。

② **伝聞(人から伝え聞いた、という意味を表す)**

例 予報では、今年の冬は寒くなるそうだ(そうです)。

＊「そうです」は、「そうだ」の丁寧な言い方。

1 次の――線部の助動詞の意味は、**ア**様態、**イ**伝聞 のうちのどちらですか。記号で答えなさい。(各2点×4＝8点)

(1) 見るからにこの薬はよく効きそうだ。［　］

(2) 広告によると、この薬はよく効くそうだ。［　］

(3) 手紙によると、北海道は涼《すず》しいそうです。［　］

(4) 顔色も悪く、かなり苦しそうでした。［　］

2 次の□に、上の助動詞「そうだ」や「そうです」を活用させて書き入れなさい。(各2点×6＝12点)

(1)「そうだ」……台風が近づいている［　］ある。

(2)「そうです」…父は泣き出し［　］た。

(3)「そうだ」……もう少しで勝て［　］た。

(4)「そうだ」……晴れ［　］ば、山に登ろう。

(5)「そうだ」……授業中に笑い［　］なった。

(6)「そうだ」……悲し［　］表情が印象的だ。

(「そうだ・そうです」の活用表 150ページ)

確認4 【そうだ・そうです】の接続

▼**「そうだ・そうです」は、意味の違《ちが》いによって接続が異なる。**

① **様態…動詞の連用形、形容詞、形容動詞の語幹などに接続する。**

例
- 食べそうだ(そうです) **(動詞の連用形)**
- 美しそうだ(そうです) **(形容詞の語幹** ▼P59**)**
- 暖かそうだ(そうです) **(形容動詞の語幹** ▼P65**)**

② **伝聞…用言の終止形などに接続する。**

例
- 食べるそうだ(そうです) **(動詞の終止形)**
- 美しいそうだ(そうです) **(形容詞の終止形)**
- 暖かだそうだ(そうです) **(形容動詞の終止形)**

(次ページに続く)

次の――線部の助動詞「そうだ」の意味は、**ア**様態、**イ**伝聞 のうちのどちらですか。記号で答えなさい。（各1点×6＝6点）

(1) ① 彼《かれ》は意外と早く来そうだ。（連用形）
② 彼は意外と早く来るそうだ。（終止形）

(2) ① 今回のクイズはかなり難しいそうだ。
② 今回のクイズはかなり難しそうだ。

(3) ① 無事に誕生するか心配だそうです。
② 無事に誕生するか心配そうです。

（　）（　）（　）（　）（　）（　）

確認 5 【らしい】の意味

▼**ある根拠《こんきょ》に基《もと》づいておしはかる、推定の意味を表す。**

例 せきが出る。どうもかぜをひいたらしい。

次の文に続ける文として、**ア**・**イ**のどちらが自然ですか。ふさわしいほうに○をつけなさい。（各2点×2＝4点）

(1) 地面がぬれているように見える。
ア（　）昨夜は雨が降った。
イ（　）昨夜は雨が降ったらしい。

(2) 私の名前を呼ぶ声が聞こえた。
ア（　）誰《だれ》かが私を探しているそうだ。
イ（　）誰かが私を探しているらしい。

確認 6 「らしい」の見分け方

▼**助動詞の「らしい」と形容詞を作る接尾語《せつびご》の「らしい」を見分けるには、「どうやら」という言葉を補ってみる。**

① **補ってみて意味が通じれば助動詞。**
例 立っているのは先生らしい。
↓ 立っているのは（どうやら）先生らしい。　○（**助動詞**）

② **補ってみて意味が通じなければ接尾語。**
例 先生らしい態度で接する。
↓（どうやら）先生らしい態度で接する。　×（**接尾語**）

＊接尾語とは、ある単語の下に付いて一つの単語を作る働きをする語をいう。

次の**ア**・**イ**の――線部のうち、助動詞であるほうに○をつけなさい。（各2点×3＝6点）

(1) **ア**（　）向こうから来る人はアナウンサーらしい。
イ（　）アナウンサーらしい話し方をする。

(2) **ア**（　）声が大きいのは、あの若者らしい。
イ（　）発想がいかにも若者らしい。

(3) **ア**（　）学生らしい行動を望みます。
イ（　）あの子はA校の学生らしい。

参考

「らしい」は、動詞・形容詞の終止形、形容動詞の語幹（▼P65）**、体言などに接続する。**

例
・父は釣《つ》りに出かけるらしい。（**動詞の終止形**）
・今日の海は静からしい。（**形容動詞の語幹**）
・明日は快晴らしい。（**体言**）

（「らしい」の活用表 151ページ）

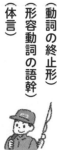

「助動詞」まとめ

1 次の――線部の助動詞の終止形を［　］から選んで書きなさい。（各2点×5＝10点）

(1) 学校から帰る途中《とちゅう》で、道を聞かれた。（　　）
(2) 知らなかったとは言わせないぞ。（　　）
(3) 今日も楽しく作業ができました。（　　）
(4) 練習中に水が飲みたくなる。（　　）
(5) 今ごろは給食の時間だろう。（　　）

［ない　たい　ます　だ　れる］

2 次の助動詞を活用させて、（　）に書き入れなさい。（各2点×6＝12点）

(1) 「られる」…あんな遠くには投げ（　　）まい。
(2) 「させる」…ぜひこの服を着（　　）よう。
(3) 「ない」……君がやら（　　）ば、僕《ぼく》がやるよ。
(4) 「です」……きっと文法が好きになる（　　）う。
(5) 「だ」………ここは先月まで運動場（　　）た。
(6) 「そうだ」…とてもうれし（　　）表情をした。

3 次の文章を読んで、あとの問いに答えなさい。（各2点×6＝12点）

このところ、程度を表す言葉として「すごい」が頻繁《ひんぱん》に使われる①ようになった。例えば、「すごい大きい」「すごいうれしい」といった具合である。

ところで、この「すごい」は、もともと形容詞「すごい」であろう②と思われる。もしそうならば、「すごい」を用言につなげる場合、「すごい」を連用形に活用させて、ⓐ「すごく大きい」とするのが、文法的に正しい使い方だと思う。

しかし、実際の使い方は連用形にはなっていないといえそうだ。言葉は生き物のようにⓑ変化するので、いずれ「すごい大きい」という言い方が当たり前になるかもしれない。

(1) ――線①・②の助動詞の意味を［　］から選んで書きなさい。
①（　　）　②（　　）

［受け身　可能　自発　尊敬　意志　推量］

(2) 〰〰線ⓐから助動詞を書きぬき、その終止形を書きなさい。
助動詞（　　）　終止形（　　）

(3) 〰〰線ⓑと同じ意味のものに○をつけなさい。
ア（　）まるで矢のような速さで駆《か》け抜《ぬ》けた。
イ（　）百メートルが泳げるような気がする。

(4) ＝＝線部から、助動詞をすべて書きぬきなさい。（完答）
（　　）

付属語 まとめ

確認① 付属語

① 助詞…活用がなく、他の語に付いて語と語の関係を示したり、意味を付け加えたりする。

② 助動詞…活用があり、用言や体言、他の助動詞に付いて、意味を付け加えたり、話し手（書き手）の判断を表したりする。

1 次の——線部の付属語は、**ア**助詞、**イ**助動詞　のうちのどちらですか。記号で答えなさい。（各3点×4＝12点）

(1) 昨日のタイムより速く走れた。（　　）

(2) 連絡《れんらく》をしたら、五人ばかり集まってくれた。（　　）

(3) 簡単に人の力には頼《たよ》るまい。（　　）

(4) 疲《つか》れていたので、すぐに帰りたかった。（　　）

2 次の文中の付属語をすべて探し、助詞には——線を、助動詞には══線をそれぞれ引きなさい。（完答各6点×3＝18点）

(1) 兄は家から自転車に乗って出かけるらしい。

(2) 鳥が、えさを食べに家の庭へ来るだろう。

(3) 天気さえよければ、祖父は散歩に行きたいようだ。

確認② 助詞の種類と意味

① 格助詞　例 事故で入院する。（原因・理由を示す）

② 接続助詞　例 町に出ると、にぎやかだった。（順接を示す）

③ 副助詞　例 絵でもかこう。（例示を示す）

④ 終助詞　例 違反《いはん》はするな。（禁止を示す）

次の——線部の助詞と同じ意味のものにそれぞれ○をつけなさい。また、その助詞の種類を〔　〕に書きなさい。（各2点×10＝20点）

(1) 雨で外出できない。
ア（　）部屋の中で遊ぶ。
イ（　）かぜで練習を休む。
〔　　助詞〕

(2) トランプでもしよう。
ア（　）お茶でも飲もうか。
イ（　）子供でも知っていることだ。
〔　　助詞〕

(3) 窓を開けると冷たい風が入ってきた。
ア（　）家に帰ると、母は留守だった。
イ（　）何が起ころうと驚《おどろ》かない。
〔　　助詞〕

(4) もうそれ以上言うな。
ア（　）明るいうちに早く行きな。
イ（　）暗い道を一人で歩くな。
〔　　助詞〕

(5) ここには、雑草さえ生えていない。
ア（　）パンさえ売っていない。
イ（　）雨さえしのげれば満足だ。
〔　　助詞〕

得点　／100点
学習日　月　日

確認③ 助動詞

▼助動詞は、用言や他の助動詞に付いて、いろいろな意味を添《そ》える。

例 先生が、生徒に本を読ませる。（使役《しえき》）

1 次の――線部の助動詞の意味を[　]から選んで書きなさい。（各2点×10＝20点）

(1) 食事が済んだら、風呂《ふろ》に入ろうと思う。（　　）

(2) 豚肉《ぶたにく》はよく焼かねば食べられない。（　　）

(3) その手は、まるで雪のような白さだ。（　　）

(4) このごろ手話を覚えたくなった。（　　）

(5) 人に言われなくても、自分から行動する。（　　）

(6) 宿題がたった今終わったところです。（　　）

(7) この城が大阪城である。（　　）

(8) 忙《いそが》しそうだから、また今度にしよう。（　　）

(9) ゾウにたっぷりと水を飲ませた。（　　）

(10) 電車は五分おきに来ます。（　　）

[丁寧《ていねい》　完了《かんりょう》　否定　希望　受け身
様態　断定　使役　意志　たとえ]

2 次の文章を読んで、あとの問いに答えなさい。（各3点×10＝30点）

いつもは①目覚まし時計が鳴ると②、すぐに起床《きしょう》できるはずなのに、今朝はなぜか起きられあず、いつもの時間を三十分も過ぎていた。ふとんから③急いで飛び起きて支度《したく》をすませ、階下へ下りると、母が平然としたⓐ顔で朝食をとっていた。

僕《ぼく》はなぜか無性《むしょう》に腹が立って、「どうして起こしてくれなかっⓑたの④。」と尋《たず》ねたがい、母は、「いつも自分で起きるじゃない。」と言っただけだⓒった。僕も朝食を食べたかっⓓたが、母に怒《いか》りをぶつけるようにドアをバタンと閉めて家を出た。

(1) ――線①～④の助詞の種類を[　]から選び、記号で答えなさい。

①（　　）②（　　）③（　　）④（　　）

[ア 格助詞　イ 接続助詞　ウ 副助詞　エ 終助詞]

(2) ＝＝線ⓐ～ⓓの助動詞の意味を[　]から選び、記号で答えなさい。

ⓐ（　　）ⓑ（　　）ⓒ（　　）ⓓ（　　）

[ア 断定　イ 存続　ウ 希望　エ 否定]

(3) 〰線あ・いと同じ意味・用法のものに○をつけなさい。

あ
- ア（　）セミの一生は、はかなく感じられる。
- イ（　）停電のため、テレビが見られない。

い
- ア（　）つまらないが、最後まで読んでみよう。
- イ（　）走っている人が、手を振《ふ》ってくれた。

テスト 1

1 次の表の①～⑭にあてはまる言葉を[ ]から選び、記号で答えなさい。
(各2点×14＝28点)

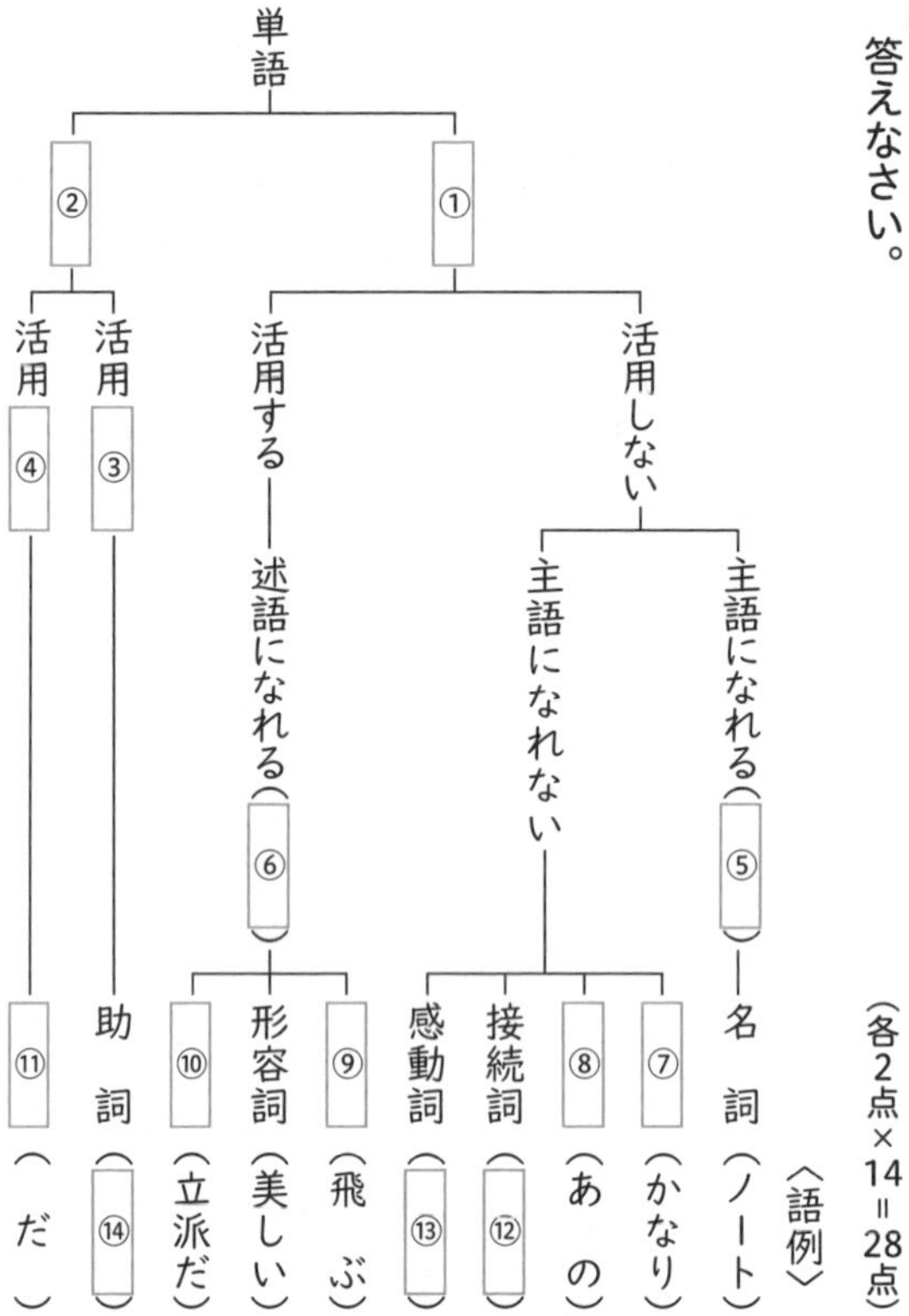

① ② ③ ④ ⑤ ⑥ ⑦ ⑧ ⑨ ⑩ ⑪ ⑫ ⑬ ⑭

ア 自立語　イ 付属語　ウ する　エ しない
オ 用言　カ 体言　キ 動詞　ク 助動詞
ケ 助詞　コ 連体詞　サ 副詞　シ 形容動詞
ス だが　セ もしもし　ソ 話す　タ の

2 次の文から自立語と付属語をそれぞれ四つ探し、活用のない語はそのまま書きぬき、活用のある語は終止形に直して書きなさい。
(各2点×8＝16点)

〈上等な服を新しく買いましたよ。〉

〔自立語〕

〔付属語〕

3 次の文から動詞を三つ探し、終止形に直して↓の上に書きなさい。また、その動詞が自動詞か他動詞かを下に書きなさい。
(各2点×6＝12点)

〈選手が集まったので、試合を始める合図の笛が鳴った。〉

〔動詞の終止形〕

↓ ↓ ↓

〔自動詞か他動詞か〕

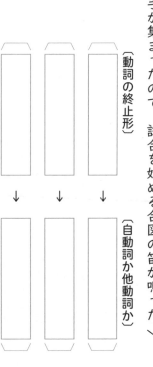

4 次の文章を読んで、あとの問いに答えなさい。（各2点×10＝20点）

①ある寒い夕暮れのことであ②った。茂作《もさく》と巳之吉《みのきち》とは、山から帰る途中《とちゅう》で、ひどい吹雪《ふぶき》にあった。吹雪③のなかを、ふたりはかの④渡し場《わたしば》のところまできたが、船頭は向こうの岸に舟《ふね》をつないだまま、どこへ行ったか姿が見えない。⑤けれども、⑥とうてい川を泳いで渡れるような日ではなかったので、ふたりの木こりは、とりあえず、渡し守《わたしもり》りの小屋のなかへ逃《に》げこん⑦だ。

（小泉八雲《こいずみやくも》「雪おんな」）

(1) ――線①〜⑦の品詞名を［　］から選び、記号で答えなさい。

①［　］ ②［　］ ③［　］ ④［　］
⑤［　］ ⑥［　］ ⑦［　］

ア 名詞　イ 動詞　ウ 形容詞　エ 形容動詞
オ 副詞　カ 連体詞　キ 接続詞　ク 感動詞
ケ 助詞　コ 助動詞

(2) 〰線部「ひどい」と同じ品詞の単語を、文章中から二つ書きぬきなさい。

［　］・［　］

(3) ═線部「渡れる」は可能動詞ですが、可能動詞ではないものを次から選び、記号で答えなさい。

ア 見られる　イ 泳げる
ウ 話せる　エ 走れる

［　］

---

5 次の文章を読んで、あとの問いに答えなさい。（各2点×12＝24点）

しかし、何故《なぜ》こんなことになったのだろう。ⓐ分からぬ。全く何事も我々には判《わか》らぬ。理由も分からずに押《お》し付《つ》けられたものを大人《おとな》しく受け取って、理由も分からずにⓑ生きていくのが、我々生きもののさだめだ。

（中島敦《なかじまあつし》「山月記《さんげつき》」）

(1) ――線部「全く何事も我々には判らぬ」の部分を、例にならって品詞に分解しなさい。（八つの単語に分けられます。）（――線と品詞名の両方合って各2点）

例 学校（名詞）へ（助詞）行く（動詞）

・全く何事も我々には判らぬ

(2) 〰線ⓐ・ⓑの動詞の活用の種類と活用形を［　］からそれぞれ選び、記号で答えなさい。

ⓐ 活用の種類［　］ 活用形［　］
ⓑ 活用の種類［　］ 活用形［　］

種類
ア 五段活用　イ 上一段活用
ウ 下一段活用

活用形
ア 未然形　イ 連用形　ウ 終止形
エ 連体形　オ 仮定形　カ 命令形

テスト 2

得点 ／100点

学習日 月 日

1 次の――線部の品詞名を［　］から選び、記号で答えなさい。（各2点×10＝20点）

(1) やはり海には行かない。

(2) すがすがしい朝を迎《むか》えた。

(3) てるてる坊主《ぼうず》をぶらさげたが、雨が降った。

(4) 雨が降っている。が、それほど寒くない。

(5) 富士山《ふじさん》に初雪が降ったらしい。

(6) 色のあざやかな服を着る。

(7) 夏らしい青空が広がる。

(8) 先生、答えをもう一度おっしゃってください。

(9) はい、わかりました。

(10) 大きなサイズのシャツを買う。

ア 名詞　イ 動詞　ウ 形容詞
エ 形容動詞　オ 副詞　カ 連体詞
キ 接続詞　ク 感動詞　ケ 助動詞
コ 助詞

2 次の文章から名詞を探し、あとの種類に分けて書きぬきなさい。ただし、同じ単語を二度書く必要はありません。（　）は、それぞれの名詞の数です。（完答各4点×5＝20点）

人間はひとりで生きてゆくことはできない。それは、どんな人間にもあてはまることである。しかし、東京のような文明の発達した大都市に住んでいると、ひとりでも生きてゆけると思ってしまう。

普通《ふつう》名詞（3）

固有名詞（1）

数詞（1）

形式名詞（1）

代名詞（1）

3 次の文から形容詞と形容動詞をそれぞれ一つずつ上に書きぬきなさい。また、その活用形を［　］から選び、下に記号で答えなさい。（各3点×4＝12点）

〈さわがしい都会を離《はな》れ、山村で静かに暮らしたい。〉

形容詞　活用形

形容動詞　活用形

ア 未然形　イ 連用形　ウ 終止形　エ 連体形

4 次の文章を読んで、あとの問いに答えなさい。（各4点×12＝48点）

①僕《ぼく》は一人の少年と知り合いになった。彼《かれ》は駅の②近くにⓐ住む小学五年生ⓐで、僕のⓘ経営する川端書房《かわばたしょぼう》まで毎日自転車ⓑで三十分もかけてやって来る。川端書房は古本屋ⓒで、しかも、子供の喜ぶようなマンガ本は置か③ないようにしていたから、小学生の客は④珍《めずら》しかった。彼は⑤いつもある一冊の本の背表紙をちらりと見るだけⓓであった。⑥不思議に思って僕がⓤたずねると、おさない頃《ころ》になくなった父親が書いた本だという。父親の本がいつ売れるのかと思って、それを楽しみに毎日ⓔ来るのだそうだ。

(1) ――線①について説明した次の文の[A]～[C]にあてはまる言葉を[　]から選び、記号で答えなさい。

この文の中の「は・の・と・に」は[A]である。そのうち、「は」だけが[B]で、それ以外は[C]である。

A（　　）　B（　　）　C（　　）

ア 主語　イ 助詞　ウ 助動詞　エ 格助詞
オ 接続助詞　カ 副助詞　キ 終助詞

(2) ――線②「近く」は、形容詞「近い」が他の品詞に変わったものです。その品詞名を書きなさい。

（　　）

(3) ――線③「ない」と同じ品詞のものを[　]から選び、記号で答えなさい。

ア 生活にゆとりがある。
イ 妹はまだおさない。
ウ あれは市役所だ。
エ 字をきれいに書こう。

（　　）

(4) ――線④「珍しかっ」の品詞名と活用形を書きなさい。

品詞名（　　）　活用形（　　）

(5) ――線⑤「いつも」と同じ品詞の語を文章中から書きぬきなさい。

（　　）

(6) ――線⑥「不思議に」の終止形と品詞名を書きなさい。

終止形（　　）　品詞名（　　）

(7) 〰線ⓐ～ⓓの「で」のうち、品詞の異なるものを選び、記号で答えなさい。

（　　）

(8) ═線あ～えの動詞のうち、活用形が異なるものを選び、記号で答えなさい。

（　　）

① まぎらわしい語の見分け方【ある】／【が】

得点 ／100点
学習日 月 日

確認❶ 「ある」の見分け方(1)

「動詞」と「連体詞」との見分け方 ▼P80
➡「ない」に置《お》き換《か》えてみる。
① 置き換えてみて意味が通じれば動詞。
② 置き換えてみて意味が通じなければ連体詞。

例
・いすがある。 ↓いすがない。 ○（動詞）
・ある町に着いた。 ↓ない町に着いた。 ×（連体詞）

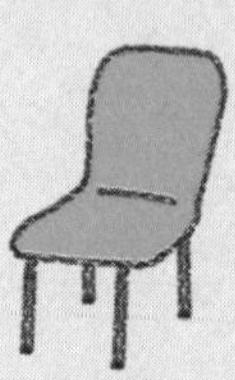

次の——線部は、動詞・連体詞のうちのどちらですか。（各4点×4＝16点）

(1) 近所に花屋がある。〈↓花屋がない〉 〔　　〕
(2) ある花屋に行った。〈↓ない花屋に〉 〔　　〕
(3) 自信があるわけではない。 〔　　〕
(4) それは、ある日のことでした。 〔　　〕

確認❷ 「ある」の見分け方(2)

「動詞」と「補助動詞（形式動詞）」との見分け方
➡「そこに有（在）る」という意味の動詞か、補助動詞の「ある」かを見分けるには、「存在する」という言葉に置き換えてみる。
① 置き換えてみて意味が通じれば「有（在）る」という意味の動詞。
② 置き換えてみて意味が通じなければ補助動詞。

例
・冷凍庫《れいとうこ》に氷がある。 ↓氷が存在する。 ○（動詞）
・私は日本人である。 ↓日本人で存在する。 ×（補助動詞）

次の——線部が補助動詞であるものに○をつけなさい。（5点）

ア（　）部屋に机がある。〈↓机が存在する〉
イ（　）本のある場所。〈↓本の存在する場所〉
ウ（　）これが答えである。〈↓答えで存在する〉

【ある】の識別問題

1 次の——線部に合うものを[　]から選び、記号で答えなさい。（各5点×3＝15点）

ヒント ①連体詞を探す。②残りを普通《ふつう》の動詞と補助動詞に分ける。

(1) 教科書が本棚《ほんだな》にある。 〔　　〕
(2) ある場所に一人で向かった。 〔　　〕
(3) 以上が試験の結果である。 〔　　〕

ア 連体詞　イ 動詞　ウ 補助動詞

2 次の——線部と同じ意味・用法のものに○をつけなさい。（各5点×2＝10点）

(1) 友人とある約束をしていた。
ア（　）人気と実力のある選手になりたい。
イ（　）昔、ある事件に巻《ま》き込《こ》まれそうになった。

(2) この写真は、海の中の様子である。
ア（　）「竹取物語《たけとりものがたり》」は、平安時代《へいあんじだい》の作品である。
イ（　）時間があるので、本でも読もう。
ウ（　）これは、ある詩人の言葉です。

確認❸ 「が」の見分け方(1)

▼「接続詞」と「接続助詞」との見分け方 ▼P84

① **それだけで文節を作っていたら、自立語なので接続詞。**
② **別の単語のあとに付いていたら、付属語(接続助詞)。**

例
・雪が降った。が、外出した。 **(自立語⇩接続詞)**
・雪が降ったが、外出した。 **(付属語(接続助詞))**

次の――線部は、**ア**接続詞、**イ**接続助詞 のうちのどちらですか。記号で答えなさい。 (各4点×3＝12点)

(1) とても疲《つか》れた。が、楽しかった。 〈自立語〉〔　　〕
(2) とても疲れたが、楽しかった。 〈付属語〉〔　　〕
(3) 風が吹《ふ》いている。が、寒くはない。 〔　　〕

確認❹ 「が」の見分け方(2)

▼「格助詞」と「接続助詞」との見分け方

① **体言や助詞の「の」に付いていたら格助詞。**
② **活用する語(用言や助動詞)に付いていたら接続助詞。**

例
・電話のベルが鳴る。 **(「ベル」(名詞)に付く)**
・起きるのがつらい。 **(「の」(助詞)に付く)** ⇩**格助詞**
・寒いが、我慢《がまん》しよう。 **(「寒い」(形容詞)に付く)**
・苦労したが完成した。 **(「た」(助動詞)に付く)** ⇩**接続助詞**

次の――線部は、**ア**格助詞、**イ**接続助詞 のうちのどちらですか。記号で答えなさい。 (各4点×5＝20点)

(1) 体は大きいが、気は弱い。 〈大きい＝形容詞〉〔　　〕
(2) 犬がほえている。 〈犬＝名詞〉〔　　〕
(3) 作り方は簡単だが、時間がかかる。 〔　　〕
(4) 楽しいことがあった。 〔　　〕
(5) かわいいのがほしい。 〔　　〕

【が】の識別問題

1 次の――線部に合うものを[　]から選び、記号で答えなさい。 (各4点×3＝12点)

ヒント ①接続詞を探す。②残りを格助詞と接続助詞に分ける。

(1) 散歩をしたが、すぐに疲れてしまった。 〔　　〕
(2) 教室に行った。が、誰《だれ》もいなかった。 〔　　〕
(3) 母が夕食の買い物に出かける。 〔　　〕

[**ア** 格助詞 **イ** 接続助詞 **ウ** 接続詞]

2 次の――線部と同じ意味・用法のものに○をつけなさい。 (各5点×2＝10点)

(1) 私が責任をもってやります。
ア（　）負けて悔《くや》しいが、絶対に泣かない。
イ（　）音楽の成績が上がる。

(2) 文法は苦手だが、少しずつ勉強しよう。
ア（　）怖《こわ》い映画だった。が、また見たい。
イ（　）そこに座《すわ》っているのが、祖父です。
ウ（　）頑張《がんば》っているが、うまくいかない。

① まぎらわしい語の見分け方【だ】／【で】

得点
／100点
学習日
月 日

確認❶ 「だ」の見分け方(1)

▼「形容動詞の活用語尾《かつようごび》」と「助動詞」との見分け方

⬇「～な」という形にして、適当な体言につないでみる。

① つないでみて意味が通じれば形容動詞の活用語尾。
② つないでみて意味が通じなければ助動詞。

例
- おだやかだ ↓おだやかな海。 ○（形容動詞の活用語尾）
- 黒板だ ↓黒板なもの。 ×（助動詞）

次の──線部は、ア形容動詞の活用語尾、イ助動詞 のうちのどちらですか。記号で答えなさい。（各5点×4＝20点）

(1) これは君の本だ。〈↓本なもの〉（　　）
(2) 姉はいつもほがらかだ。〈↓ほがらかな姉〉（　　）
(3) 僕《ぼく》たちの望みは優勝だ。〈↓優勝な望み〉（　　）
(4) この問題は簡単だ。〈↓簡単な問題〉（　　）

確認❷ 「だ」の見分け方(2)

▼「断定の助動詞」と「過去の助動詞」との見分け方

① 体言や助詞の「の」などに付いていたら断定の助動詞。
② 動詞のイ音便《おんびん》や撥音便《はつおんびん》 ▼P45 に付いていたら、過去の助動詞「た」が濁《にご》ったもの。

例
- 東京は首都だ。（「首都」（名詞）に付く⇩断定の助動詞）
- 鳥が飛んだ。（「飛ん」（動詞の撥音便）に付く⇩過去の助動詞）

次の──線部は、ア断定の助動詞、イ過去の助動詞 のうちのどちらですか。記号で答えなさい。（各5点×2＝10点）

(1) これが彼女《かのじょ》のやさしさだ。〈やさしさ＝名詞〉（　　）
(2) プールで泳いだ。〈泳い＝動詞のイ音便〉（　　）

【だ】の識別問題

1 次の──線部の説明に合うものを［　］から選び、記号で答えなさい。（各6点×3＝18点）

ヒント ①「～な」という形にして形容動詞を探す。②残りを「だ」がどんな語に付いているかで見分ける。

(1) 本をたくさん読んだ。（　　）
(2) 近所の人はみな親切だ。（　　）
(3) これから合唱の練習だ。（　　）

ア 形容動詞の活用語尾　イ 断定の助動詞
ウ 過去の助動詞

2 次の──線部と同じ意味・用法のものに○をつけなさい。（6点）

〈試合の結果については楽観的だ。〉

ア（　）音楽が止まると、かなり静かだ。
イ（　）パンにハムとレタスをはさんだ。
ウ（　）彼《かれ》は期待の新人だ。

確認③ 「で」の見分け方(1)

▼「形容動詞の活用語尾」と「付属語」との見分け方

➡「〜な」という形にして、適当な体言につないでみる。

① つないでみて意味が通じれば形容動詞の活用語尾。

② つないでみて意味が通じなければ付属語(助詞・助動詞)。

例
- 元気で暮らす。↓元気な人。　○(形容動詞の活用語尾)
- かぜで学校を休む。↓かぜな学校。　×(付属語(助詞))
- 父は教師である。↓教師な父。　×(付属語(助動詞))

次の——線部が形容動詞の活用語尾であるものに○をつけなさい。(6点)

ア(　)ここは静かで広い。〈↓静かな場所〉

イ(　)原因は調査中である。〈↓調査中な原因〉

ウ(　)強風で木が倒《たお》れる。〈↓強風な木〉

確認④ 「で」の見分け方(2)

▼「断定の助動詞」と「格助詞」との見分け方

➡「で」の下に「あり」を入れてみる。

① 入れてみて意味が通じれば断定の助動詞。

② 入れてみて意味が通じなければ格助詞。

例
- 僕は長男で妹は長女だ。↓僕は長男であり、妹は長女だ。　○(断定の助動詞)
- バスで駅に行く。↓バスであり駅に行く。　×(格助詞)

＊「名詞＋である」の形になっている「で」は、断定の助動詞である。

例 これは私の時計である。

次の——線部は、ア断定の助動詞、イ格助詞　のうちのどちらですか。記号で答えなさい。(各5点×2＝10点)

(1) これが鉛筆《えんぴつ》で、あれが毛筆だ。〈↓鉛筆であり〉　(　　)

(2) ぞうきんで床《ゆか》をふく。〈↓ぞうきんであり床…〉　(　　)

【で】の識別問題

1 次の——線部に合うものを[　]から選び、記号で答えなさい。(各6点×3＝18点)

ヒント ①「〜な」という形にして形容動詞を探す。②残りを「あり」が入るかどうかで見分ける。

(1) 駅の改札口で待ち合わせをする。　(　　)

(2) 上品で礼儀《れいぎ》正しい女性がいた。　(　　)

(3) これはアパートで、多くの人が住んでいる。　(　　)

[ア 形容動詞の活用語尾　イ 格助詞　ウ 断定の助動詞]

2 次の——線部と同じ意味・用法のものに○をつけなさい。(各6点×2＝12点)

(1) 彼は誠実でまじめな人です。

ア(　)右がライオンで、左がゾウだ。

イ(　)図書室はいつも静かである。

(2) 定規で直線をひく。

ア(　)材木をのこぎりで切る。

イ(　)丈夫《じょうぶ》ですなおな子に育てる。

ウ(　)彼の判断は誤りである。

① まぎらわしい語の見分け方 【と】／【な】

得点 ／100点
学習日 月 日

確認① 「と」の見分け方(1)

▼「接続助詞」と「格助詞」との見分け方

① 活用する語（用言や助動詞）に付いていたら接続助詞。
② 「と」の前を「　」でくくれるか、体言に付いているかしたら格助詞。

例
●春になると暖かい。　（「なる」（動詞）に付く⇩接続助詞）
●兄は、いいよと言う。　（「いいよ」とくくれる
●父と母は仲が良い。　（「父」（名詞）に付く　⇩格助詞）

＊格助詞は体言の代わりをする格助詞の「の」（▼P92）に付くこともある。
例 君のと僕《ぼく》のを交換《こうかん》しよう。

次の——線部は、**ア**格助詞、**イ**接続助詞　のうちのどちらですか。記号で答えなさい。（各5点×3＝15点）

(1) 母が、暑いねと言った。〈「　」でくくれる〉
(2) 家と学校を往復した。〈家＝名詞〉
(3) 風呂《ふろ》に入ると、よく眠《ねむ》れる。〈入る＝動詞〉

確認② 「と」の見分け方(2)

▼「引用の格助詞」と「引用以外の格助詞」との見分け方

① 「と」の前を「　」でくくれるものは、引用の格助詞。
② 「　」でくくれないものは、引用以外の格助詞。

例
●正しいと思う。　（「正しい」とくくれる⇩引用の格助詞）
●妹と弟はよく泣く。（「　」でくくれない⇩引用以外の格助詞（並立《へいりつ》の格助詞））

次の——線部が引用の格助詞であるものに○をつけなさい。（5点）

ア（　）今年の夏は暑いと思う。
イ（　）春と秋が好きな季節だ。
ウ（　）来年私は高校生となる。

【と】の識別問題

1 次の——線部に合うものを［　］から選び、記号で答えなさい。（各5点×3＝15点）

ヒント 「と」がどんな言葉のあとに付いているか、また、「　」でくくれるかどうかで見分ける。

(1) 赤と白でぬり分ける。
(2) 僕は、早く帰りたいなと思った。
(3) 目が覚めると、七時を過ぎていた。

ア 接続助詞　**イ** 引用の格助詞　**ウ** 並立の格助詞

2 次の——線部と同じ意味・用法のものに○をつけなさい。（各6点×2＝12点）

(1) 雷《かみなり》が鳴ると、泣き出す子もいる。
ア（　）先生に、もっと頑張《がんば》れよと、言われた。
イ（　）おなかがいっぱいになると、眠《ねむ》くなる。

(2) やると言ったら僕はやるのだ。
ア（　）グラウンドで友達と野球をする。
イ（　）君はまちがっていたのだと指摘《してき》した。
ウ（　）そんなに期待されると困る。

確認3 「な」の見分け方(1)

▼「断定の助動詞」と「連体詞や形容動詞の一部」との見分け方

➡そのままの形で適当な体言につないでみる。

① つないでみて意味が通じなければ断定の助動詞。

② 体言を修飾《しゅうしょく》しているか、体言をつないでみて意味が通じれば連体詞や形容動詞の一部。

例
・休日なのに、出勤した。↓休日なこと。 × (断定の助動詞)
・小さな木がある。↓体言「木」を修飾。 (連体詞の一部)
・静かなのが好き。↓静かな時。 ○ (形容動詞の一部)

次の――線部が断定の助動詞であるものに○をつけなさい。 (6点)

ア（　）大きな家を建てる。〈「家」を修飾〉

イ（　）外は雨なので、傘《かさ》が必要だ。〈↓雨な外〉

ウ（　）車は安全なのがいい。〈↓安全な車〉

確認4 「な」の見分け方(2)

▼「形容動詞の一部(活用語尾《かつようごび》)」と「連体詞の一部」との見分け方 ▼P80

➡「〜だ」という形に変えてみる。

① 変えてみて意味が通じれば形容動詞の活用語尾。

② 変えてみて意味が通じなければ連体詞の一部。

例
・さわやかな朝だ。↓さわやかだ ○ (形容動詞の活用語尾)
・小さな石を拾う。↓小さだ × (連体詞の一部)

次の――線部は、ア形容動詞の活用語尾、イ連体詞の一部 のうちのどちらですか。記号で答えなさい。 (各5点×4=20点)

(1) にこやかな表情が印象的だ。〈↓にこやかだ〉（　）

(2) 病室をいろんな人が訪《おとず》れた。〈↓いろんだ〉（　）

(3) 大きな声で返事をする。（　）

(4) 昔から好きな歌がある。（　）

【な】の識別問題

1 次の――線部に合うものを[　]から選び、記号で答えなさい。 (各5点×3=15点)

ヒント ①断定の助動詞を探す。②残りを形容動詞と連体詞に分ける。

(1) 楽しい仲間なので、ずっといっしょにいたい。（　）

(2) 祖父は健康なので、食欲もある。（　）

(3) おかしな話をいろいろ聞いた。（　）

[ア 連体詞の一部　イ 形容動詞の活用語尾　ウ 断定の助動詞]

2 次の――線部と同じ意味・用法のものに○をつけなさい。 (各6点×2=12点)

(1) 姉は、細やかな神経の持ち主だ。

ア（　）いろんな考え方を聞いてみる。

イ（　）きれいな手で料理を作る。

ウ（　）明日は試験なのに、遊んでしまった。

(2) これから授業なので、席に着く。

ア（　）もう秋なのに、意外と暑い。

イ（　）小さな失敗には目をつぶる。

ウ（　）かわいそうな小鳥を助ける。

① まぎらわしい語の見分け方 【ない】／【に】

得点
／100点
学習日
月　日

確認❶ 「ない」の見分け方(1)

▼「助動詞」と「形容詞」との見分け方

➡「ぬ」に置《お》き換《か》えてみる。

① 置き換えてみて意味が通じれば助動詞。

② 置き換えてみて意味が通じなければ形容詞。

例
● 漫画《まんが》は読まない。　↓読まぬ。　○（助動詞）
● 切符《きっぷ》がない。　↓切符がぬ。　×（形容詞）

次の——線部は、形容詞・助動詞のうちのどちらですか。（各5点×4＝20点）

(1) 大切な本がない。〈↓本がぬ〉
(2) 食欲が進まない。〈↓進まぬ〉
(3) 足が痛くて歩けない。
(4) ずっと連絡《れんらく》がないのも不安だ。

確認❷ 「ない」の見分け方(2)

▼「形容詞」と「補助形容詞（形式形容詞）」との見分け方

➡「無い」という意味の形容詞か、補助形容詞 ▼P56 かを見分けるには、「存在しない」という言葉に置き換えてみる。

① 置き換えてみて意味が通じれば形容詞。

② 置き換えてみて意味が通じなければ補助形容詞。

例
● その予定はない。　↓予定は存在しない。　○（形容詞）
● 体調がよくない。　↓よく存在しない。　×（補助形容詞）

次の——線部が補助形容詞であるものに○をつけなさい。（5点）

ア（　）成功する自信がない。〈↓自信が存在しない〉
イ（　）かばんの中に何もない。
ウ（　）気分がさわやかでない。

【ない】の識別問題

1 次の——線部に合うものを［　］から選び、記号で答えなさい。（各5点×4＝20点）

ヒント ①助動詞と形容詞に分ける。②形容詞のうち、補助形容詞を探す。

(1) どんなに探しても見つからない。
(2) 欲《ほ》しい本がどこにもない。
(3) 自動車は決して安くない。
(4) 誰《だれ》の力も借りない。

ア 助動詞　イ 形容詞　ウ 補助形容詞

2 次の——線部と同じ意味・用法のものに○をつけなさい。（5点）

〈この馬は、それほど速くない。〉

ア（　）店の中は静かでない。
イ（　）呼んでいるのに、返事もしない。
ウ（　）勝つ可能性がまったくない。

確認3 「に」の見分け方(1)

▼「格助詞」と「形容動詞や副詞の一部」との見分け方

① **主に体言(名詞)に付いていれば格助詞。**

② **それ以外は形容動詞や副詞の一部。**

例
- 父に話しかける。(「父」(名詞)に付く⇩格助詞)
- まじめに働く。(「まじめに」で一語⇩形容動詞の一部)
- すぐに答える。(「すぐに」で一語⇩副詞の一部)

次の――線部が格助詞であるものに○をつけなさい。(5点)

ア( )記録をついに破る。〈「ついに」＝副詞〉
イ( )静かに目を閉じる。〈「静かに」＝形容動詞〉
ウ( )雑誌を友達に返す。〈友達＝名詞〉

確認4 「に」の見分け方(2)

▼「形容動詞の一部(活用語尾《かつようごび》)」と、「副詞の一部」との見分け方

➡「～だ」という形に変えてみる。

① **変えてみて意味が通じれば形容動詞の活用語尾。**

② **変えてみて意味が通じなければ副詞の一部。**

例
- 色をきれいに塗《ぬ》る。↓○きれいだ(形容動詞の活用語尾)
- すでに電話をした。↓×すでだ(副詞の一部)

次の――線部は、**ア**形容動詞の活用語尾、**イ**副詞の一部　のうちのどちらですか。記号で答えなさい。(各5点×4＝20点)

(1) まさに君の言うとおりだ。〈↓まさだ〉　[　　]
(2) 春が近づいて暖かになる。〈↓暖かだ〉　[　　]
(3) 身長が昨年よりさらに伸《の》びる。　[　　]
(4) 理由を正直に話す。　[　　]

【に】の識別問題

1 次の――線部に合うものを[　]から選び、記号で答えなさい。(各5点×3＝15点)

ヒント ①体言に付いている「に」を探す。②残りを「～だ」という形にして見分ける。

(1) 積極的にクラスを盛り上げる。　[　　]
(2) 家族に伝言を残す。　[　　]
(3) 今日は特に忙《いそが》しい。　[　　]

[ア 形容動詞の活用語尾　イ 格助詞　ウ 副詞の一部]

2 次の――線部と同じ意味・用法のものに○をつけなさい。(各5点×2＝10点)

(1) 合計金額を正確に計算する。
ア( )仮につらくても、最後まで頑張《がんば》る。
イ( )念願の教師になることができた。
ウ( )宝石がきらびやかに輝《かがや》く。

(2) 今日は人がやけに多い。
ア( )駅前に本屋が開店する。
イ( )ついに卒業式の日が来た。
ウ( )教室の雰囲気《ふんいき》がなごやかになる。

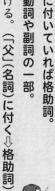

① まぎらわしい語の見分け方 【の】／【れる・られる】

得点
／100点
学習日
月 日

確認❶ 「の」の見分け方(1)

▼「格助詞」と「終助詞」との見分け方
① 常に文中にあり、主に体言に付いていれば格助詞。
② 文末に付いていれば終助詞。

例
・家の庭で遊ぶ。（文中にあり、「家」（名詞）に付く⇩格助詞）
・もう終わったの。（文末にある⇩終助詞）

次の──線部は、格助詞・終助詞のうちのどちらですか。（各4点×2＝8点）

(1) 水の中で遊ぶ。〈「水」（名詞）に付く〉
(2) 本当にそれでいいの。〈文末にある〉

確認❷ 「の」の見分け方(2)

▼格助詞「の」の意味の見分け方
① 体言を修飾《しゅうしょく》していれば、連体修飾語を示す働き。
② 「が」と言《い》い換《か》えることができれば主語を示す働き。
③ 「もの・こと」などと言い換えることができれば体言の代わり。 ▼P91

例
・桜の木を植える。（体言を修飾⇩連体修飾語を示す）
・星の見える夜。（「星が」と言える⇩主語を示す）
・白いのがほしい。（「白いもの」と言える⇩体言の代わり）

次の──線部の格助詞の働きは、**ア**連体修飾語、**イ**主語、**ウ**体言の代わりのうちのどれですか。記号で答えなさい。（各4点×4＝16点）

(1) 電池を新しいのに換える。〈「もの」と言える〉
(2) 姉の作った料理を食べる。〈「が」と言える〉
(3) 山の空気はおいしい。〈体言を修飾〉
(4) 空気の澄《す》んでいる所に住みたい。

【の】の識別問題

1 次の──線部に合うものを[ ]から選び、記号で答えなさい。（各5点×4＝20点）

ヒント ①まず終助詞を探す。②格助詞をさらに見分ける。

(1) 電車の走る音が聞こえる。
(2) そんなことも知らないの。
(3) 友達の消しゴムを借りる。
(4) 気に入ったのはこれです。

ア 連体修飾語を示す格助詞　**イ** 主語を示す格助詞
ウ 体言の代わりをする格助詞　**エ** 終助詞

2 次の──線部と同じ意味・用法のものに○をつけなさい。（4点）

〈本を読むのが好きです。〉

ア（ ）植物の生長する様子を観察する。
イ（ ）この機械は、音がうるさいのが欠点だ。
ウ（ ）野菜の値段が上昇《じょうしょう》している。
エ（ ）白鳥の親子が飛んでいった。

確認③ 「れる・られる」の意味の見分け方

① 「～することをされる」と言い換えることができれば受け身。
「～に（から）…（ら）れる」の形になることが多い。
② 「～することができる」と言い換えることができれば可能。
③ 「自然と」などを入れて意味が通じれば自発。
④ 「お（ご）～になる」と言い換えることができれば尊敬。

例
- 父に注意される。 →注意することをされる （受け身）
- この服ならまだ着られる。 →着ることができる （可能）
- 少年時代が思い出される。 →自然と思い出される （自発）
- 先生が朝礼で話される。 →お話しになる （尊敬）

1 【れる・られる】の識別問題

次の――線部の助動詞の意味を[　]から選び、記号で答えなさい。（各4点×6＝24点）

(1) 先生がお席に座《すわ》られる。〈お座りになる〉 〔　〕
(2) 掃除《そうじ》を母から頼《たの》まれる。〈頼むことをされる〉 〔　〕
(3) 好きな番組が見られる。〈見ることができる〉 〔　〕
(4) 祖母の健康が案じられる。〈自然と案じられる〉 〔　〕
(5) この子は一人でもおつかいに行かれる。 〔　〕
(6) この古い家からは、長い歴史が感じられる。 〔　〕

ア 受け身　イ 可能　ウ 自発　エ 尊敬

2

次の――線部と同じ意味・用法のものに○をつけなさい。（各4点×2＝8点）

(1) 子供に道を聞かれる。
ア（　）先生がたが校歌を歌われる。
イ（　）友人から本を紹介《しょうかい》される。
ウ（　）僕《ぼく》は、毎朝六時に起きられる。
エ（　）去年のことが思い出される。

(2) どんな困難をも乗りこえられる精神力。
ア（　）転んで周囲の人に笑われる。
イ（　）明日の天気が案じられる。
ウ（　）山田さんが道に迷われる。
エ（　）彼《かれ》がそんな人だとは信じられない。

3

次の――線部と同じ意味・用法のものを[　]から選び、記号で答えなさい。（各5点×4＝20点）

(1) 僕は、数学の問題ならすぐ答えられる。 〔　〕
(2) ふるさとが恋《こい》しく思われる。 〔　〕
(3) 受付で次の人が呼ばれる。 〔　〕
(4) 先生がくわしく説明される。 〔　〕

ア 先生にしかられる。　イ なつかしく感じられる。
ウ 会長が来られる。　エ 弟は何でも食べられる。

② 語句の係り受け

語句の係り受けの求め方

得点
／100点
学習日
月 日

学習内容

文中の語句があとのどの語句につながるかによって、文全体の表す意味はまったく異なる。

例 ① お母さんが怒《おこ》った 弟を追いかけた。
（怒っているのは弟）

② お母さんが怒って弟を追いかけた。
（怒っているのはお母さん）

ここでは、文の意味を正確に読み取るために、文中の語句の係り受けを正しくとらえることを学習する。

確認❶ 語句の係り受け(1)

▼語句と語句の意味がつながっていくとき、前の語句はあとの語句に「係る」といい、あとの語句は前の語句を「受ける」という。

▼語句の係り受けは、文節単位で考えることが多い。

例 正しい 答えを 書く。
（「正しい」は「答えを」に係る。
「答えを」は「正しい」を受ける。）

次の文の語句の関係を見て、□にあてはまる言葉を確認❶から書きぬきなさい。（各6点×2＝12点）

〈からりと 空が 晴れる。〉

「からりと」は「晴れる」に□。

「晴れる」は「からりと」を□。

確認❷ 語句の係り受け(2)

▼並立《へいりつ》の関係にある二文節や、補助の関係にある二文節は、ふつう、ひとまとまり（連文節）で考える。 ▼P21・22

例 激しい／雨と／風が／一日中／続いた。
並立の関係にある二文節
（「激しい」は、「雨と 風が」に係っている）

例 熱心に／彼《かれ》は／プラモデルを／作って／いる。
補助の関係にある二文節
（「熱心に」は、「作って いる」に係っている）

次の文の語句の関係を見て、□にあてはまる言葉を確認❷から書きぬきなさい。（6点）

〈妹は、朝から 同じ 本を 読んで いる。〉

「朝から」は、□の関係にある二文節「読んで いる」に係っている。

確認❸ 語句の係り受けの求め方(1)

▼受ける語句を求めるには、係る語句を直接つないでみて意味がつながるものを探す。

例 ① 激しい 風が 吹《ふ》く。
（激しい→風が ○ 激しい→吹く ×）

② 激しく 風が 吹いて いる。
（激しく→吹いて いる ○ 激しく→風が ×）

教育出版
伝え合う言葉　中学国語

学年	教科書の内容	本書のページ
1年	**〈文法の小窓　1〉**	
	言葉の単位	4～11
	〈文法の小窓　2〉	
	文の成分	12～29
	〈文法の小窓　3〉	
	単語のいろいろ	30～33
	文法（解説）	
	1　言葉の単位	4～11
	2　文の成分	12～29
	3　単語のいろいろ	30～33
2年	**〈文法の小窓　1〉**	34～39・
	活用のない自立語	70～89
	〈言葉の小窓　1〉	
	敬語	132～141
	〈文法の小窓　2〉	
	活用のある自立語	40～69
	〈文法の小窓　3〉	
	付属語のいろいろ	90～113
	言葉（解説）	
	1　敬語	132～141
	文法（解説）	
	1　活用のない自立語	34～39・ 70～89
	2　活用のある自立語	40～69
	3　付属語のいろいろ	90～113
3年	**〈文法の小窓　1〉**	
	助詞のはたらき	90～99
	〈文法の小窓　2〉	
	助動詞のはたらき	100～111
	〈言葉の小窓　2〉	
	相手に対する配慮と表現	132～141
	言葉（解説）	
	2　相手に対する配慮と表現	132～141
	文法（解説）	
	1　助詞のはたらき	90～99
	2　助動詞のはたらき	100～111
	3　文法的に考える	70～77・ 90～117

東京書籍
新しい国語

学年	教科書の内容	本書のページ
1年	**〈文法の窓・文法解説〉**	
	文法とは・言葉の単位	4～11
	〈文法の窓・文法解説〉	
	文の成分・連文節	12～29
	〈文法の窓・文法解説〉	
	単語の分類	30～33
	〈文法の窓・文法解説〉	
	名詞	34～39
	〈文法の窓・文法解説〉	
	連体詞・副詞・接続詞・感動詞	70～89
2年	**〈日本語探検〉**	
	敬語	132～141
	〈文法の窓・文法解説〉	
	用言の活用	40～69
	〈文法の窓・文法解説〉	
	助詞	90～99
	〈文法の窓・文法解説〉	
	助動詞	100～111
3年	**〈日本語探検〉**	
	間違《まちが》えやすい敬語	132～141
	〈文法の窓・文法解説〉	12～29・
	曖昧《あいまい》な文・分かりづらい文	128～131
	〈文法の窓・文法解説〉	
	文法のまとめ	54～127

光村図書
国語

学年	教科書の内容	本書のページ
1年	〈文法への扉1〉 言葉のまとまりを考えよう 〈言葉 1〉 指示する語句と接続する語句 〈文法への扉2〉 言葉の関係を考えよう 〈文法への扉3〉 単語の性質を見つけよう 文法　1 言葉の単位 2 文の組み立て 3 単語の分類	 4~11 38~39・ 82~85 12~29 30~33 4~11 12~29 30~33
2年	〈文法への扉1〉 単語をどう分ける? 〈言葉2〉 敬語 〈文法への扉2〉 走る。走らない。走ろうよ。 〈文法への扉3〉 一字違いで大違い 文法　1 自立語 2 用言の活用 3 付属語	 30~89 132~141 40~69 90~113 30~89 40~69 90~113
3年	〈文法への扉1〉 すいかは幾つ必要? 〈文法への扉2〉 「ない」の違いがわからない? 文法　1 文法を生かす 2 文法のまとめ	 12~29・ 70~77・ 90~99 4~131・ 138~143 12~29・ 74~77 4~131・ 142~147

三省堂
現代の国語

学年	教科書の内容	本書のページ
1年	〈文法の窓1〉 言葉の単位・文節の関係 〈言葉発見③〉 接続する語句・指示する語句 〈文法の窓2〉 単語の類別・品詞 文法のまとめ	 4~29 38~39・ 82~85 30~33 4~89
2年	〈言葉発見①〉 敬語の意味と種類 〈文法の窓1〉 用言の活用 〈文法の窓2〉 助詞・助動詞のはたらき 文法のまとめ	 132~141 40~69 90~113 12~29・ 40~69・ 90~117
3年	〈文法の窓〉 表現につながる文法 〈言葉発見⑤〉 相手や場に配慮した言葉遣い 文法のまとめ 三年間の文法の総まとめ	 90~117 132~141 90~117 4~147

できた！
中学国語
文法

中学基礎がため100%

教科書との内容対応表

※令和３年度の教科書からは、
こちらの対応表を使いましょう。

●この「教科書との内容対応表」の中から、自分の教科書の部分を切り取って、本書の3ページ「もくじ」の右の部分にはりつけ、勉強をするときに活用してください。
●この表の左側には、みなさんが使っている教科書の単元を示してあります。右側には、それらの単元の学習内容に対応する「できた！中学国語 文法」のページを示してあります。

くもん出版

R3

1 次の〰〰線部が係る語句を一文節で書きぬきなさい。（各8点×3＝24点）

(1) 大きく 期待を 裏切った。

大きく →（　　　）〈どうした〉

(2) 試合の 結果を まだ 知らない。

試合の →（　　　）〈何を〉

(3) 山本君を クラスの 代表に 選出します。

山本君を →（　　　）〈どうする〉

2 次の〰〰線部が係る語句を二文節で書きぬきなさい。（完答9点×2＝18点）

(1) きれいな 水と 空気が 人類に 必要だ。

（　　　・　　　）

(2) 学校に 友達と 二人で 向かって いた。

（　　　・　　　）

確認4 語句の係り受けの求め方(2)

▼読点「、」の位置を手がかりにする。

例 ① やがて列車は去り、一人の女性がホームに現れた。

② やがて、列車が去ったホームに一人の女性が現れた。

＊① 「やがて」は読点の前にふくまれるので、読点の前の部分の「去り」に係ると考えられる。

＊② 「やがて」の直後に読点があるので、すぐ下の「去った」ではなく、文末の「現れた」に係ると考えられる。

次の〰〰線部が係る語句を一文節で書きぬきなさい。（各8点×2＝16点）

(1) すでに秋も深まり、木々の葉もほとんど枯《か》れました。（　　　）

(2) すでに、教室に戻《もど》っても生徒は誰《だれ》一人いなかった。（　　　）

確認5 語句の係り受けの求め方(3)

▼呼応の副詞 ▼P74・75 では、決まった言い方を手がかりにする。

例 ① たぶん彼はお昼までには帰らないだろうと思う。

② たとえ雨が降っても、試合は行われるにちがいない。

＊① 「たぶん〜だろう」と呼応するので、「だろう」をふくむ文節「帰らないだろうと」に係る。

＊② 「たとえ〜ても」と呼応するので、「ても」をふくむ文節「降っても」に係る。

次の〰〰線部が係る語句を一文節で書きぬきなさい。（各8点×3＝24点）

(1) たぶんこの実験は成功するだろうと言われている。（　　　）

(2) たとえ試合に負けても、全力を出し切りたい。（　　　）

(3) 決して中学校の三年間で学んだことは忘れない。（　　　）

② 語句の係り受け まとめ

得点 ／100点

学習日 月 日

1 次の〰〰線部は、どの語句に係っていますか。文中のア〜エから選び、記号で答えなさい。（各4点×5＝20点）

(1) バーゲンセールに、ア広告の目玉商品をイ買おうとウ大勢のエ客がつめかけた。

(2) 弟は、ずうずうしくも、友達との待ち合わせの時間がアあるにもイかかわらず、三十分以上ウ遅刻《ちこく》したとエ聞いた。

(3) この物語は、主人公がいろんなア人々との触《ふ》れ合《あ》いをイ通じて、人間は一人ではウ生きていけないということを実感し、成長していくというエ内容である。

(4) 川井さんは、日頃《ひごろ》から、なぜ子供たちは文法の学習がアきらいなのかという疑問をイ持ち、どのようにしたら興味をウ持ってくれるのか悩《なや》みにエ悩んでいた。

(5) このニュース番組では、視聴者《しちょうしゃ》が感じている、例えば、ア地球のイ温暖化はなぜ起こったのかといったウ疑問に答えるエコーナーが好評である。

2 次の〰〰線部が係る語句を、〔　〕の条件に合わせて書きぬきなさい。（各4点×5＝20点）

(1) 子供は、生まれて八か月ぐらいでつかまり立ちができると母から聞いた。
〔一文節で〕

(2) 女の子の声は、まるで森林の中でさえずっている小鳥のようなかわいい声でした。
〔一文節で〕

(3) 君がずっと、他の部員が帰ってもたった一人で黙々《もくもく》と走っていたのを山田先生は知っていらっしゃるんだ。
〔二文節で〕

(4) 地球に暮らす人間一人ひとりがしっかりと、自然との共存を真剣《しんけん》に考えるときがすでに来ていることを、認識《にんしき》しておくべきだと私は思っている。
〔二文節で〕

(5) 何十年何百年と時間が経過しても、古典の時代から日本語にその存在をとどめてきた敬語は、そう簡単には消滅《しょうめつ》しないという強い確信が私にはあります。
〔一文節で〕

3 次の〰〰線部の文節は、それぞれどの語句に係っていますか。それぞれが係る語句を一文節で書きぬきなさい。（各3点×10＝30点）

(1) 実は(A)第一志望の高校に合格する自信がなかったので、うれしいと同時に(B)、とても驚《おどろ》いた。

A［　　］　B［　　］

(2) 私は、朝早く(A)自分の部屋のカーテンを開けると、まず(B)背《せ》伸《の》びをして、さわやかな気持ちで階下へ下りていきます。

A［　　］　B［　　］

(3) 祖父は常に(A)、最近の若者の言葉はユニークだと面白《おもしろ》がるので、私はよく(B)、テレビで若者言葉の情報を得ると、祖父に報告する。

A［　　］　B［　　］

(4) 先生がときどき(A)、静かな(B)、そして重々しい口調で、生徒に話される内容は、命を大切にしなさいということだ。

A［　　］　B［　　］

(5) 新聞に(A)、私が友達と公園でブランコに乗っているときの写真があったのを、偶然《ぐうぜん》(B)母が見つけたので、切《き》り抜《ぬ》いておくことにしたそうです。

A［　　］　B［　　］

---

4 次の文章を読んで、あとの問いに答えなさい。（各5点×6＝30点）

　昨日、①僕《ぼく》は健太《けんた》と口論をしてしまった。一日たっても、②決して僕たちは口をきこうとはしなかった。和夫《かずお》が、どちらかが謝《あやま》れば済むことじゃないかと言うのだが、僕は③どうしても健太に謝る気にはなれなかった。

　でも、ある日④たまたま、健太が一人ぼっちでいるのを見た僕は、⑤自然と彼《かれ》のところに足が向いた。そして、僕たちは、一週間ぶりの、照れ笑いを交えた会話をした。

(1) 〰〰線①・③が係る語句をそれぞれ次から選び、記号で答えなさい。

① ア 僕は　イ 健太と　ウ 口論を　エ してしまった　［　　］

③ ア 健太に　イ 謝る　ウ 気には　エ なれなかった　［　　］

(2) 〰〰線②・④・⑤が係る語句をそれぞれ一文節で書きぬきなさい。

②［　　］　④［　　］　⑤［　　］

(3) ――線部「会話を」は、＝＝線部の他にどの語句を受けていますか。同じ文中から書きぬきなさい。

［　　］

敬語の種類

敬語の種類と使い方

確認1 敬語の種類

▼▼ 話し相手や話題の人物に対する敬意を表す表現を「敬語」という。敬語には次の種類がある。

① 丁寧語《ていねいご》…話し手や書き手が、言葉遣《ことばづか》いを丁寧にすることで、聞き手や読み手に対する敬意を表す敬語。

例 私が言います。

（「言う」ということを、丁寧に言っている。）

② 尊敬語…ある人の動作や、その人に関係ある人や事物を高めた言い方をすることによって、その人に対する敬意を表す敬語。

例 校長先生がおっしゃる。

（校長先生の「言う」という動作を高めた言い方をすることで、校長先生に対する敬意を表している。）

③ 謙譲語《けんじょうご》…自分の動作や自分側の人や事物などをへりくだって言うことで、相手に対する敬意を表す敬語。

例 私が申しあげる。

（自分の「言う」という動作をへりくだって言うことで、相手に対する敬意を表している。）

次の——線部の敬語について説明したあとの文の□にあてはまる言葉を書き入れなさい。（各1点×6＝6点）

(1) 明日、行きます。

「行く」を丁寧な言葉遣いで「□」としているので、□語を使っている。

(2) 明日、家にお客様がいらっしゃる。

「お客様」の「来る」という動作を高めて「□」という□語を使っている。

(3) 明日、私がそちらへ伺《うかが》うことにします。

「私」の「行く」という動作をへりくだって「□」という□語を使っている。

確認2 丁寧語

▼ 丁寧語のいろいろ

① 文末の表現を丁寧にする。

例 行きます。　田中です（でございます）。

② 「お（ご）」を付ける。

例 お米・ご飯・お菓子《かし》・お花

＊「お米・ご飯」など、話し手が自分自身の言葉遣いを上品にする意図で用いる言葉を「美化語」ということがある。

1 次のア・イの——線部のうち、丁寧語を用いているほうに○をつけなさい。（各2点×3＝6点）

(1)
ア（　）夏休みには海に行きます。
イ（　）夏休みには海に行く。

(2)
ア（　）私が山田です。
イ（　）私が山田だ。

(3)
ア（　）きれいなお花を届ける。
イ（　）きれいな花を届ける。

2 次の――線部を丁寧語を用いた表現に直して書きなさい。（各2点×3＝6点）

(1) スキーに行った。→［　　　　　］
(2) 僕《ぼく》は中学校の一年生だ。→［　　　　　］
(3) 行っていいか。→［いい　　　］

確認❸ 尊敬語

▼尊敬語のいろいろ

① **助動詞「れる・られる」を付ける。**
例 先生が話される。　先生が教室に来られる。

② **「お〜になる」「ご〜になる」の形。**
例 先生がお話しになる。　先生がご説明になる。

③ **敬意を表す決まった動詞を使う。**
例
・いらっしゃる（**「いる」「来る」「行く」の尊敬語**）
・召《め》しあがる（**「食べる」「飲む」の尊敬語**）
・おっしゃる（**「言う」の尊敬語**）
・なさる（**「する」の尊敬語**）
・くださる（**「くれる」の尊敬語**）

④ **相手や相手側に関係ある人や事物に尊敬の意味の言葉を使う。**
例 高橋さん・坂本様・父上・お名前・ご家族・どなた
＊「お米」「お金」などは、相手の物を敬って付けた敬語ではないので、尊敬語ではなく、美化語である。

---

1 次のア・イの――線部のうち、尊敬語を用いているほうに○をつけなさい。（各2点×4＝8点）

(1)
ア（　）先生が生徒の名前を呼ばれる。
イ（　）先生が生徒の名前を呼ぶ。

(2)
ア（　）昆虫《こんちゅう》について尋《たず》ねる。
イ（　）昆虫についてお尋ねになる。

(3)
ア（　）おいしい果物を食べます。
イ（　）おいしい果物を召しあがる。

(4)
ア（　）あなたのお名前を教えてください。
イ（　）あなたの名前を教えてください。

2 「れる・られる」を使って、次の――線部を尊敬語に直して書き入れなさい。（各2点×3＝6点）

(1) 私が話す。
→［先生が　　　　。］

(2) 私が、地名の由来を調べる。
→［先生が、地名の由来を　　　　。］

(3) 私は七時に起きる。
→［先生は七時に　　　　。］

（次ページに続く）

3 次の――線部を「お～になる」「ご～になる」の形の尊敬語に直して書き入れなさい。（各2点×3＝6点）

(1) 私が書く。
↓
先生が〔　　　　〕。

(2) 私が鈴《すず》を付ける。
↓
先生が鈴を〔　　　　〕。

(3) 私が説明する。
↓
先生が〔　　　　〕。

4 次の言葉の尊敬語を［　］から選んで書き入れなさい。（各2点×5＝10点）

(1)「食べる」……お食事を〔　　　　〕。

(2)「言う」……内容を詳《くわ》しく〔　　　　〕。

(3)「行く」……外国へ〔　　　　〕そうだ。

(4)「くれる」……旅行のお土産《みやげ》を〔　　　　〕。

(5)「する」……運転を〔　　　　〕らしい。

いらっしゃる　おっしゃる　なさる
召《め》しあがる　くださる

5 次の言葉から尊敬語を四つ選んで書きぬきなさい。（各2点×4＝8点）

お茶　田中様　お名刺《めいし》　お米
母　お金　どなた　お名前

〔　　〕・〔　　〕・〔　　〕・〔　　〕

確認 4 謙譲語

▼謙譲語《けんじょうご》のいろいろ

① **「お～する」「ご～する」の形。**

例 先生にお話しする。　先生にご報告する。

② **謙譲を表す決まった動詞を使う。**

・伺《うかが》う（「行く」「聞く」「尋《たず》ねる」の謙譲語）
・いただく（「もらう」「食べる」「飲む」の謙譲語）
・申す　申しあげる（「言う」の謙譲語）
・あげる　さしあげる（「やる」の謙譲語）

③ **自分や自分側に関係する人や事物に謙譲の意味の言葉を使う。**

例 私ども・小生《しょうせい》・拙宅《せったく》・愚息《ぐそく》・弊社《へいしゃ》・粗品《そしな》

＊「拙宅」は、「自分の家」の、「愚息」は「自分の息子《むすこ》」の、「弊社」は「自分の会社」のへりくだった言い方。

1 次のア・イの――線部のうち、謙譲語を用いているほうに○をつけなさい。（各2点×5＝10点）

(1)
ア（　）僕《ぼく》が先生にお渡《わた》しする。
イ（　）僕が先生に渡す。

(2) ア（　）以前聞いた話を思い出した。
イ（　）以前伺った話を思い出した。

(3) ア（　）お客様にお土産をいただく。
イ（　）お客様にお土産をもらう。

(4) ア（　）私が申したとおりです。
イ（　）私が言ったとおりです。

(5) ア（　）このペンをやることにしましょう。
イ（　）このペンをさしあげることにしましょう。

2 次の言葉から謙譲語を五つ選んで書きぬきなさい。（各2点×5＝10点）

ご研究	お花	小社	井上殿《いのうえどの》	拙宅
お茶	粗品	御社《おんしゃ》	私ども	愚息

（　）・（　）・（　）・（　）・（　）

3 次の言葉を「お〜する」「ご〜する」の形の謙譲語に直して書き入れなさい。（各2点×4＝8点）

(1)「書く」……領収書を（　）。

(2)「渡す」……あなたに（　）。

(3)「連絡《れんらく》する」……私が（　）。

(4)「心配する」……先生の体調を（　）。

4 次の言葉の謙譲語を［　］から選んで書き入れなさい。（各2点×5＝10点）

(1)「やる」……きれいな花を（　）。

(2)「言う」……先生に意見を（　）。

(3)「食べる」……珍《めずら》しい果物を（　）。

(4)「行く」……明日（　）ことにします。

(5)「会う」……（　）のを楽しみに。

お目にかかる	申しあげる	いただく
さしあげる	召しあがる	伺う

5 次の——線部の謙譲語を［　］から選んで書きぬきなさい。（各2点×3＝6点）

「もしもし、私は第一中学三年の中田といい①ます。先日は工場を見学させてもらい②まして、ありがとうございました。いろいろと貴重な説明を聞き③、大変参考になりました。…」

おっしゃい	伺い	いただき
なさい	申し	お聞きになり

①（　）ます　②（　）まして　③（　）

敬語の種類 尊敬語と謙譲語の使い分け

確認❶ 特別な動詞の尊敬語と謙譲語

動詞の中には、尊敬語と謙譲語《けんじょうご》に決まった言葉を使うものがある。

<table>
<tr><th>動詞</th><th>尊敬語</th><th>謙譲語</th></tr>
<tr><td>行く・来る</td><td rowspan="2">いらっしゃる
おいでになる</td><td>参る・伺《うかが》う</td></tr>
<tr><td>いる</td><td>おる</td></tr>
<tr><td>言う・話す</td><td>おっしゃる</td><td>申す・申しあげる</td></tr>
<tr><td>見る</td><td>ご覧になる</td><td>拝見する</td></tr>
<tr><td>食べる・飲む</td><td>召《め》しあがる</td><td>いただく</td></tr>
<tr><td>する</td><td>なさる・あそばす</td><td>いたす</td></tr>
<tr><td>くれる</td><td>くださる</td><td></td></tr>
<tr><td>やる・与《あた》える</td><td></td><td>さしあげる</td></tr>
<tr><td>もらう</td><td></td><td>いただく・頂戴《ちょうだい》する</td></tr>
<tr><td>聞く</td><td></td><td>伺う・承《うけたまわ》る</td></tr>
</table>

1 次の——線部の語は、**ア**尊敬語、**イ**謙譲語 のうちのどちらですか。記号で答えなさい。（各4点×5＝20点）

(1) 二時頃《ごろ》、父がお電話を差しあげます。

(2) 旅行のお土産《みやげ》をいただきました。

(3) そのようにおっしゃいました。

(4) どうぞ召しあがってください。

(5) 何時に伺うとよいでしょうか。

2 次の——線部の敬語として、適切なものを［ ］から選んで書きなさい。（各5点×6＝30点）

(1) 明日は、どちらへ行くのですか。
［参る　伺う　いらっしゃる］

(2) お描《か》きになった絵を見ます。
［拝見し　ご覧になり　見られ］

(3) 明日は一日中家にいるつもりです。
［いたす　いらっしゃる　おる］

(4) 私にその宝物をくれるのですか。
［いただく　頂戴する　くださる］

(5) あなたの言うとおりでございます。
［おっしゃる　申す　申しあげる］

(6) どこで仕事をするのですか。
［なさる　いたす　いたされる］

得点　／100点
学習日　月　日

確認❷ 「お」や「ご」を使った尊敬語と謙譲語

▼接頭語「お」や「ご」を使った敬語は、尊敬語と謙譲語の使い分けをしっかりする。

① **尊敬語…「お(ご)……になる」**

例 お休みになる　ご出発になる

② **謙譲語…「お(ご)……する」**

例 荷物をお持ちする　先生にご報告する

＊①を「お休みなさる」「ご出発なさる」、②を「お持ちいたす」「ご報告いたす」と言うこともある。

1 次の言い方は、**ア**尊敬語、**イ**謙譲語　のどちらですか。記号で答えなさい。(各2点×4＝8点)

(1) ご使用になる　（　　）

(2) ご招待する　（　　）

(3) お伝えする　（　　）

(4) お帰りになる　（　　）

2 次の**ア**・**イ**のうち、正しいほうに○をつけなさい。(各3点×4＝12点)

(1) お客様、その荷物、私が　**ア**（　）お持ちになります。　**イ**（　）お持ちします。

(2) 私から先生に　**ア**（　）ご報告します。　**イ**（　）ご報告になります。

(3) 先生は、いつ　**ア**（　）ご出発になるのですか。　**イ**（　）ご出発しますか。

(4) かぜで明日は　**ア**（　）お休みします。　**イ**（　）お休みになります。

3 次の——線部を「お」や「ご」を使った正しい敬語に直しなさい。(各6点×5＝30点)

(1) ここにあなたのご住所を書いてください。　（　　）

(2) その件については、私から先生に話します。　（　　）

(3) お客様のおいでを心から待っています。　（　　）

(4) その本は、もう読んだのですか。　（　　）

(5) 校長室まで私が案内します。　（　　）

敬語の種類

いろいろな敬語／間違えやすい敬語

確認❶ 尊敬語と美化語の「お（ご）」

▼接頭語「お」や「ご」がつく名詞には、尊敬語と美化語がある。

① 尊敬語…相手のものや事柄《ことがら》に「お(ご)」をつけた名詞。

例 お名前を書いてください。　ご住所はどちらですか。

② 美化語…どちらの側の事柄やものに限らず、柔《やわ》らかに美しく言うために「お(ご)」をつけた名詞。

例 お米は日本の主食です。
お菓子《かし》を子供たちに配ります。

＊「先生からのお手紙」は尊敬語、「先生へのお手紙」は謙譲語《けんじょうご》となるなど、動作の主体と受け手との関係で、尊敬語・謙譲語と分類されることもある。

次の――線部は、**ア**尊敬語、**イ**美化語　のどちらですか。記号で答えなさい。（各5点×6＝30点）

(1) 先生のご病気が心配です。（　　）

(2) ご意見をおっしゃってください。（　　）

(3) 秋は、ご飯がとてもおいしい。（　　）

(4) 日本料理ではお寿司《すし》が人気です。（　　）

(5) 父がお風呂《ふろ》から上がる。（　　）

(6) 立派なお住まいですね。（　　）

確認❷ 謙譲語の二種類

▼自分側の動作をかしこまって言うことによって、聞き手や読み手などを高める表現を丁重語《ていちょうご》といい、謙譲語と区別することがある。

① 謙譲語…自分の動作を低めることで、相手を高める敬語。

例 私は先生に申しあげました。

② 丁重語…自分側の動作をかしこまって言う敬語。

例 私は木村と申します。…丁重語
私は、毎朝、ジョギングをいたします。

次の**ア**・**イ**のうち、――線部が丁重語であるほうに○をつけなさい。（各5点×3＝15点）

(1)
ア（　）私は、東北地方へ旅行に参ります。
イ（　）明日、先生のお宅に参ります。

(2)
ア（　）会場の皆様《みなさま》に申しあげます。
イ（　）私は、いつも母に申します。

(3)
ア（　）夏休みは家族で旅行いたします。
イ（　）先生にご質問いたします。

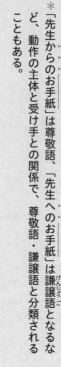

確認❸ 間違えやすい敬語

▼敬語の使い方には、主に次のような間違《まちが》いが多い。

ア　特別な動詞の使い方の間違い…尊敬語と謙譲語の動詞の表現は異なる。混同しないようにする。

例　私の手作りのお菓子をいただいてください。…×
　　私の手作りのお菓子を召《め》しあがってください。…○

イ　尊敬語と謙譲語の取り違え…尊敬語は「(お)ご……になる」謙譲語は「お(ご)……する」の形になる。

例　ご住所とお名前をお書きしてください。…×
　　ご住所とお名前をお書きになってください。…○

ウ　身内の事柄に関する敬語…自分の身内に関する事柄には、尊敬語ではなく、謙譲語を用いる。

例　お父さんが校長先生に会われる。…×
　　父が校長先生にお会いする。…○

エ　二重、三重敬語…敬語を二重、三重に重ねて使わない。

例　先生が絵をお描《か》きなさっていらっしゃる。…×
　　先生が絵を描いていらっしゃる。…○
　　先生が絵をお描きになる。…○

1　次の——線部は、敬語の使い方が適切ではありません。どのような点が間違いなのでしょうか。右の確認❸のア〜エから選んで、記号で答えなさい。（各5点×4＝20点）

(1)　先生がみんなの作文を拝見する。〔　　〕

(2)　その書類にご記入してください。〔　　〕

(3)　先生がみんなにお話しになられていらっしゃる。〔　　〕

(4)　私のお兄さんは、高校入試に合格しました。〔　　〕

2　次の——線部は敬語の使い方が間違っています。正しい敬語に直して書きなさい。（各5点×7＝35点）

(1)　お父さんがぜひお目にかかりたいと申しております。〔　　〕〔　　〕

(2)　ご両親に、どうぞよろしくお伝えしてください。〔　　〕

(3)　その展覧会には、先生も伺《うかが》ったそうです。〔い　　〕

(4)　弊社《へいしゃ》の青木がぜひお会いしたいとおっしゃっています。〔　　〕

(5)　お客様はスリッパをご持参なられていらっしゃる。〔　　〕

(6)　国王がイタリアをご訪問しました。〔　　〕

(7)　母のご病気が全快するよう、祈《いの》っています。〔　　〕

テスト

1 次の――線部を敬語に直すとき、どの種類の敬語に直すとよいですか。[　]から選んで書きなさい。（各3点×3＝9点）

(1) あなたが昨日言ったことは本当ですか。

(2) 私があなたに言ったことは本当です。

(3) 昨日山下君が言ったことは本当だ。

[丁寧語《ていねいご》　尊敬語　謙譲語《けんじょうご》]

2 次の――線部の敬語の種類を[　]から選び、記号で答えなさい。（各4点×6＝24点）

(1) 今度の日曜日、叔父様《おじさま》が来られるそうよ。

(2) 私は横山真一と申します。

(3) お探しになっていた本は、これですか。

(4) 私はコーヒーのにおいが好きです。

(5) その荷物をお持ちします。

(6) 来月、祖父は七十歳《さい》になります。

[ア 丁寧語　イ 尊敬語　ウ 謙譲語]

3 次の――線部を敬語に直したものとして、正しいものをそれぞれ○で囲みなさい。（各3点×5＝15点）

(1) 先生はみんなにそのように言いました。

[申し　申され　おっしゃい]

(2) 私は来週の土曜日にそちらに行くつもりです。

[いらっしゃる　参る　行かれる]

(3) 先日の会議の結果を報告することにします。

[ご報告する　報告なさる　報告される]

(4) 鳥に関心のある方にこの本をやります。

[いただき　さしあげ　おくれ]

(5) 日本にはいつまでいるのですか。

[いれる　いらっしゃる　おる]

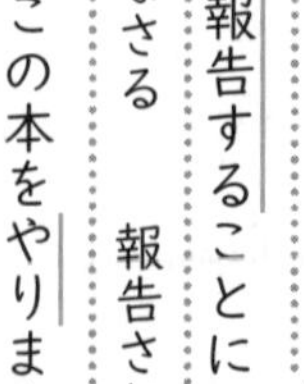

4 次の会話文の（　）に入る言葉を、それぞれ[　]から選んで書き入れなさい。（各3点×4＝12点）

(1) 「もしもし、お母様はいらっしゃいますか。」

「あいにく母は（　　）おります。」

[出かけられて　お出かけになって　出かけて]

(2) 「明日は何時にいらっしゃいますか。」

「午後三時に（　　）つもりです。」

[見える　いらっしゃる　伺《うかが》う　伺われる]

(3)「どうぞご遠慮《えんりょ》なく召《め》しあがってください。」
「はい、それでは（　　　）ます。」

召しあがり　いただき　食べられ　いただかれ

(4)「私が描《か》いた絵です。ご覧になってください。」
「（　　　）ます。」

拝見いたし　ご覧いたし　ご覧になり　見られ

5 次の手紙文を読んで、あとの問いに答えなさい。（各4点×10＝40点）

□　残暑も和《やわ》らぎました。先生にはお変わりなくお過ごしでしょうか。私はお元気に高校生活を送っています。

さて、中学を卒業して早くも半年が過ぎようとしています。卒業式の日、先生は「半年ぐらいたったらみんなの顔を見てみたいな。」と申されましたね。私たちも久しぶりに先生にⓐお会いして高校の制服姿を見てⓑもらいたいと思っています。そこで、三年のときのクラスメートが集まって、来月頃《ごろ》中学校に先生をお訪ねしたいのですが、いかがでしょうか。日取りなどが具体的にⓒ決まったらお電話で先生のご都合をⓓ伺《うかが》うつもりです。

では、お体に気をつけてお過ごしくださいませ。

敬具

九月二十日

中野友絵

松本夏子先生

(1) □にあてはまる言葉を□から選んで書きなさい。

失礼　伺い　拝啓《はいけい》　拝察

（　　　）

(2) ――線ⓐ「お会いし」の敬語の種類を□から選んで書きなさい。

尊敬語　謙譲語　丁寧語

（　　　）

(3) ――線ⓐの「お会いする」という敬語は、次の文ではどのように変わりますか。□にあてはまる言葉をひらがなで書きなさい。

先生がお会い□□□。

(4) ――線ⓑ「もらい」を謙譲語に直して書きなさい。

（　　　）たい

(5) ――線ⓒ「決まったら」を丁寧語を用いた表現に直して書きなさい。

（　　　）

(6) ――線ⓓ「伺う」を、敬語を使わないふつうの言い方に直して書きなさい。

（　　　）

(7) この文章には、敬語の使い方がまちがっている言葉が二つあります。それぞれ三字で↓の上に書きぬき、正しい言葉を下に書きなさい。

□□□ ↓ （　　　）

□□□ ↓ （　　　）

総合テスト 1

1 次の文を文節と単語に分け、その数を漢数字で答えなさい。（各6点×2＝12点）

〈ヨーロッパの伝統的な料理の手法を学ぶ。〉

文節（　　）　単語（　　）

2 次の文章を読んで、あとの問いに答えなさい。（各6点×3＝18点）
（平成14年度愛媛県入試問題改題）

人間の子どもが生まれてから①だんだんに言葉を覚え、つぎつぎに言葉をふやすことによって、事物についての認識《にんしき》や考える力を発達させてゆくことを②みてみるとわかりやすいでしょう。

（田代三良《たしろさぶろう》「高校生になったら」／岩波ジュニア新書）

(1) ――線①「だんだんに言葉を覚え」の中の、「覚え」の品詞名を漢字で書きなさい。（　　）

(2) ――線①の「だんだんに」と「覚え」、――線②の「みて」と「みると」の文節の関係として適切なものを［　］から選び、記号で答えなさい。

①（　　）　②（　　）

ア　主・述の関係　イ　修飾《しゅうしょく》・被修飾《ひしゅうしょく》の関係
ウ　並立《へいりつ》の関係　エ　補助の関係

3 次の――線部のうち、他と品詞が異なるものを選び、記号で答えなさい。（6点）（平成15年度石川県入試問題改題）

ア　頻繁《ひんぱん》にバスがやってくる。
イ　容体が順調に回復する。
ウ　限られた資源を大切に使う。
エ　話が脇道《わきみち》にそれる。

（　　）

4 次の文章を読んで、あとの問いに答えなさい。（各6点×3＝18点）

私が本を貸してあげるよ。凧《たこ》をつくるのにその本を見るといいよ。

(1) ――線部「貸し」と同じ活用の種類の動詞を［　］から選び、記号で答えなさい。（平成15年度静岡県入試問題改題）

ア　よく考えれば分かる。
イ　人の顔を見ないで話す。
ウ　知人にあいさつをする。
エ　本を読む時が楽しい。

（　　）

(2) 〰〰線部の動詞「つくる」の活用形を答えなさい。また、この動詞を可能動詞に直して書きなさい。

活用形（　　）
可能動詞（　　）

得点　／100点
学習日　月　日

5 次の文章を読んで、あとの問いに答えなさい。（各6点×3＝18点）

（平成15年度福井県入試問題改題）

ひんやりとした書斎《しょさい》の**ア**中の文鎮《ぶんちん》は、感情の**イ**ある生き物のように深い寝息《ねいき》を立てていた。震《ふる》える指先でそっと文鎮を持ち上げ、原稿《げんこう》用紙にぎっしりと書かれた父の、細かい、やせた字をのぞきこんだ。十歳《さい》の私は今、父を困らせるために原稿用紙を隠《かく》そうとしている。父を懲《こ》らしめるためには、父の一番大事な原稿用紙、それも書きかけのものを隠すしか方法はないと思っていた。しかし、ます目を埋《う》めた字の**ウ**、一つ一つを見ていると、私の**エ**意気込《いきご》みも崩《くず》れそうになってくる。

（藤原咲子《ふじわらさきこ》「父への恋文」／山と溪谷社）

(1) ――線**ア**〜**エ**のうちで、意味・用法の異なるものを選び、記号で答えなさい。 〔　　〕

(2) ＝＝線部「ように」について次の問いに答えなさい。

① この言葉の言い切りの形を書きなさい。 〔　　〕

② これと同じ意味・用法のものを□から選び、記号で答えなさい。 〔　　〕

ア 父に聞こえるように大声で泣く。
イ とても重要な原稿のように思われる。
ウ 方眼紙を筒《つつ》のようにまるめる。
エ このように本を並べてください。

6 次の文章を読んで、あとの問いに答えなさい。（各7点×4＝28点）

（平成14年度岐阜県入試問題改題）

今の日本が金縛《かなしば》りにあった状態からⓐ抜《ぬ》け出《だ》せない①でいる原因は、多くの日本人が、いつの間にか自分の考え方を世間の思惑《おもわく》という亡霊《ぼうれい》に従属させてしまったことにあると私は見ている。なぜかというと、常識の枠内《わくない》で②物事を考えている限り、＊イノベーションは生まれないからⓑである。

（今北純一《いまきたじゅんいち》「西洋の着想、東洋の着想」／文春新書）

＊イノベーション＝これまでとは異なった新しい発展。

(1) ――線①「ない」、②「で」と同じ意味・用法のものをそれぞれ次から選び、記号で答えなさい。

①
ア 都会の生活になかなかなじめない。
イ 練習する期間がほとんどない。
ウ この問題を解くのは容易ではない。
エ 途中《とちゅう》であきらめるとは情けない。
〔　　〕

②
ア 隣《となり》の県で全国大会が開かれる。
イ 友達を呼んで、いっしょに勉強した。
ウ あちらが市役所で、こちらが消防署だ。
エ 大雪で電車が遅《おく》れた。
〔　　〕

(2) 〰〰線ⓐ・ⓑの「から」の違《ちが》いを説明した次の文の□にあてはまる言葉を書きなさい。

〔どちらも助詞であるが、ⓐは□助詞、ⓑは□助詞である。〕

総合テスト 2

1 次の文について、あとの問いに答えなさい。（各5点×2＝10点）

〈問題に対して、柔軟《じゅうなん》な発想で対処していかなくてはならない。〉

(1) 文節の数を漢数字で答えなさい。

(2) 付属語の数を漢数字で答えなさい。

2 次の文を読んで、あとの問いに答えなさい。（各6点×2＝12点）
（平成15年度山口県入試問題改題）

> 私たちは現在、テレビや電話を使って、いながらにして離《はな》れた場所のⓐ風景やⓑ音声を受け取ることに慣れきっています。
> （有馬朗人《ありまあきと》「物理学は何をめざしているのか」／ちくまプリマーブックス）

(1) ――線ⓐ・ⓑの文節の関係を［　］から選び、記号で答えなさい。

ア 主・述の関係　イ 修飾《しゅうしょく》・被修飾《ひしゅうしょく》の関係
ウ 並立《へいりつ》の関係　エ 補助の関係

(2) ――線ⓐ・ⓑと同じ文節の関係にある二文節を文中から書きぬきなさい。

3 次の文の――線部「驚《おどろ》き」と同じ品詞であるものを［　］から選び、記号で答えなさい。（6点）（平成15年度秋田県入試問題改題）

〈驚きのあまり声が出なかった。〉

ア 予想のつかないような事件が起こる。
イ 子供だけでなく、大人にも遊びは必要だ。
ウ 姉は今、アメリカに住んでいる。
エ その事件とはまったく関係がない。

4 次の――線部についてあとの問いに答えなさい。（各6点×4＝24点）
（平成14年度長野県入試問題改題）

ア 小さなくつをはいた女の子。
イ きれいな宝石を身につけた女性。
ウ 柔《やわ》らかな身のこなしのスポーツ選手。
エ 豊かな表情をする俳優。

(1) ア～エの――線部の語は、文中で共通の働きをしています。その働きを次の［　］にあてはまるように書きなさい。

［　　　　語］

(2) これら四つの単語の中で、他の三つと品詞の異なるものを記号で答えなさい。また、その品詞名を書きなさい。

記号　品詞名

(3) 他の三つの単語の品詞名を書きなさい。

得点　／100点
学習日　月　日

5 次の‖線部と同じ意味・用法のものをあとからそれぞれ選び、記号で答えなさい。（各6点×4＝24点）

(1) 日本では少子高齢化《しょうしこうれいか》が急速に進むといいう。（平成15年度新潟県入試問題改題）
ア 紙と鉛筆《えんぴつ》を持ってきなさい。
イ 子どもたちと公園で遊ぶ。
ウ すばらしい計画だと思う。
〔　　〕

(2) 一つ下の弟は僕《ぼく》よりも力が強い。（平成15年度島根県入試問題改題）
ア 中学校の頃《ころ》よりも随分《ずいぶん》と身長が伸《の》びる。
イ とにかく一生懸命《いっしょうけんめい》やるよりほかはない。
ウ 午後一時より会議が開かれる予定だ。
エ 家より知らせが入ることになっている。
〔　　〕

(3) 京都には雪景色がよく似合うといわれる。（平成15年度富山県入試問題改題）
ア ふるさとが思い出される。
イ 友達に呼ばれる。
ウ 先生が時々話される。
エ 百メートルを十二秒で走れる。
〔　　〕

(4) 泳いだあと、友人の家を訪ねた。
ア 真理を究《きわ》めることが学問の本質だと思う。
イ 科学が進んだことで起こる不幸もある。
ウ 宇宙で暮らせるようになることが人類の夢だ。
エ ひとりで生きることができるのだと、錯覚《さっかく》する。
〔　　〕

---

6 次の文章を読んで、あとの問いに答えなさい。（各6点×4＝24点）（平成15年度長崎県入試問題改題）

　50メートルのターンを切ったところで有り余る力を感じた。先頭を泳いでいるのは確かだった。勢い余って、今にも体が水面から飛び上がりそうな気さえ①する。壁《かべ》に激突《げきとつ》する勢いでゴールし、振《ふ》り返《かえ》って電光掲示板《でんこうけいじばん》を見ると、一番上にボクのタイムがある。56秒99。

　観客席からみんなの歓声《かんせい》が聞こえた。

　②とうとうボクは、57秒の壁を破った。聖マリの田島の記録には及《およ》ばなかったが、予選を二位で通過することになった。

（吉田修一《よしだしゅういち》「Water」／『最後の息子』文春文庫）

(1) ――線①「さえ」と意味・用法の異なるものを次から選び、記号で答えなさい。
ア 安静にさえしていれば、この病気は治る。
イ 名前を聞かなかったうえに、顔さえ忘れた。
ウ 激しい雨風に加えて、雷《かみなり》さえ鳴り出した。
エ 感謝状だけではなく、賞品さえもらった。
〔　　〕

(2) ――線②について説明した次の文の ① ～ ③ にあてはまる言葉を書きなさい。ただし、 ① には――線②から一文節を書きぬきなさい。

〔「とうとう」を、言葉の働きからとらえると、「 ① 」に係る連用修飾語であり、品詞は ② である。また、「ボクは」という文節はこの一文の中で ③ の働きをしている。〕

①〔　　〕 ②〔　　〕 ③〔　　〕

総合テスト 3

1 文節や単語について、次の各問いに答えなさい。（各7点×5＝35点 ※(1)は完答）

(1) 次の文の中から自立語をすべてぬき出して書きなさい。
・私は毎朝、公園を走っています。

(2) 次の――線部の「読んで」と「みたい」の文節の関係に合うものを選び、記号で答えなさい。
・今日発売された本を、早く読んでみたい。
ア 主・述の関係
イ 修飾《しゅうしょく》・被修飾《ひしゅうしょく》の関係
ウ 並立《へいりつ》の関係
エ 補助の関係

(3) 次の――線部の品詞名と活用形を答えなさい。
・温かい気持ちで、そっと見守る。
品詞（　　）詞　活用形（　　）形

(4) 次の――線部の動詞の活用の種類と活用形の組み合わせに合うものを選び、記号で答えなさい。
・明日、試験を受けます。
ア 上一段活用―未然形　**イ** 上一段活用―連用形
ウ 下一段活用―未然形　**エ** 下一段活用―連用形

2 品詞や意味・用法について、次の各問いに答えなさい。（各7点×4＝28点）

(1) 「あきれたようにわたしのことを見ていた」を正しく文節に分けたものを選び、記号で答えなさい。（平成30年度三重県入試問題改題）
ア あきれたように／わたしのことを／見ていた
イ あきれたように／わたしの／ことを／見て／いた
ウ あきれた／ように／わたしの／ことを／見ていた
エ あきれた／ように／わたしの／ことを／見て／いた

(2) 次の――線部の品詞をⅠから選び、記号で答えなさい。また、これと同じ意味・用法の「に」をⅡから選び、記号で答えなさい。（平成30年度京都府入試問題改題）
・彼女《かのじょ》は、青春のまっただ中にいる。
Ⅰ **ア** 動詞　**イ** 形容動詞
ウ 助動詞　**エ** 助詞
Ⅱ **カ** 春なのにまだ寒い。
キ 彼女は湖のほとりに住んでいる。
ク 彼《かれ》は新しい靴《くつ》をうれしそうに履《は》いた。
ケ さわやかに風が吹《ふ》いている。

得点　／100点
学習日　月　日

(3) 次の――線部と同じ意味・用法の「よう」を次から選び、記号で答えなさい。

・家で犬を飼うことは、諦《あきら》めようと思う。

ア まるで他人事のように言う。

イ 来月になれば雪も消えよう。

ウ 明日はどうやら雨のようだ。

エ 早めに宿題をしようと思う。

（平成30年度香川県入試問題改題）

3 敬語について次の各問いに答えなさい。

（各8点×2＝16点）

(1) 次の――線部を、尊敬語を用いて書き直しなさい。

・「今は何かしているのですか。」

（平成30年度和歌山県入試問題改題）

(2) 次の――線部「申し」は、敬語の「申す」という動詞が活用によって変化した語である。この「申す」はここでの敬語としての使い方が適切ではない。この場面において「申す」を使うことがなぜ適切でないのか。その理由を、「主語」「謙譲語《けんじょうご》」の二つの言葉を必ず使って、一文で書きなさい。

・先生が私たちに「明日は遠足ですね。」と申しました。

（平成30年度高知県入試問題改題）

4 次の文章は、若草中学校の新聞部の生徒が、学校新聞のあるコーナーに掲載《けいさい》するために書いた原稿《げんこう》の下書きの一部である。これを読んで、後の問いに答えなさい。

（各7点×3＝21点）

（平成31年度千葉県入試問題改題）

中村先生は、わが中学校の「もの知り博士」として知られている方です。先生は、大学時代に世界史を学ばれました①。先生はこの頃《ころ》から読書がお好きで、部屋に置いてあるもの多くは本だったそうです。ご自分の専門に加え、中国文学に関わる書物も数多く読んで②いて、多様な話題を取り入れた授業をしてくださいます。

先生の好きな言葉は、「少年老い易《やす》く学成り難《がた》し、一寸《いっすん》の光陰軽《こういんかろ》んずべからず。」だそうです。若草中学校のみなさんに、「時間の流れは、みんなが思っているほど遅《おそ》くない。豊かな人生を送るために、学校にいる間、いろいろなことに挑戦《ちょうせん》してみる姿勢を大事にしてほしい。」とおっしゃっていました。

(1) ――線部①「学ばれました」の中には、助動詞がいくつふくまれていますか。漢数字で答えなさい。

(2) ――線部②「読んで」を適切な尊敬語に直して、一文節で書きなさい。

(3) ----線部**ア**～**エ**のうち、二つの文節の関係が他と異なるものが一つあります。それを記号で答えなさい。

◈ 動詞活用表

活用の種類		例語	語幹	未然形（主な続き方：ーない／ーう／ーよう）	連用形（ーます／ーた／ーて）	終止形（言い切る）	連体形（ーとき／ーこと）	仮定形（ーば）	命令形（命令の意味で言い切る）	備考
五段活用		書く	か	ーか・ーこ	ーき・ーい	ーく	ーく	ーけ	ーけ	▼連用形が「た・て」などに続く場合、「書いた・書いて」となる。
		行く	い	ーか・ーこ	ーき・ーっ	ーく	ーく	ーけ	ーけ	▼連用形が「た・て」などに続く場合、「行った・行って」となる。
		話す	はな	ーさ・ーそ	ーし	ーす	ーす	ーせ	ーせ	
		飛ぶ	と	ーば・ーぼ	ーび・ーん	ーぶ	ーぶ	ーべ	ーべ	▼連用形が「ん」になる場合、「た・て」は、「飛んだ・飛んで」とにごる。
上一段活用		生きる	い	ーき	ーき	ーきる	ーきる	ーきれ	ーきろ・ーきよ	
		見る	（み）	み	み	みる	みる	みれ	みろ・みよ	▼語幹と活用《かつよう》語尾《ごび》の区別ができない。
下一段活用		答える	こた	ーえ	ーえ	ーえる	ーえる	ーえれ	ーえろ・ーえよ	
		出る	（で）	で	で	でる	でる	でれ	でろ・でよ	▼語幹と活用語尾の区別ができない。
変格活用	カ変	来る		こ	き	くる	くる	くれ	こい	▼「来る」の一語だけ。
	サ変	する		し・せ・さ	し	する	する	すれ	しろ・せよ	▼「する」「〜する」だけ。▼未然形「せ」は「ぬ」に続く。

＊カ変とサ変は、語幹と活用語尾の区別ができない。上一段・下一段にも同様なものが見られる。

◈形容詞活用表

例語	語幹	未然形	連用形	終止形	連体形	仮定形	命令形	備考
主な続き方		―う	―た ―ない ―なる ―ございます	言い切る	―とき ―ので	―ば		
明るい	あかる	-かろ	-かっ -く -う	-い	-い	-けれ	○	
赤い	あか	-かろ	-かっ -く	-い	-い	-けれ	○	▼「ございます」が付くと、「あこうございます」となる。
美しい	うつくし	-かろ	-かっ -く	-い	-い	-けれ	○	▼「ございます」が付くと、「うつくしゅうございます」となる。

＊命令形はない。

◈形容動詞活用表

例語	語幹	未然形	連用形	終止形	連体形	仮定形	命令形	備考
主な続き方		―う	―た ―ない ―なる	言い切る	―とき ―ので	―ば		
静かだ **適切だ**	しずか てきせつ	-だろ	-だっ -で -に	-だ	-な	-なら	○	
静かです **適切です**	しずか てきせつ	-でしょ	-でし	-です	-です	○	○	

＊命令形はない。

＊「静からしい」「適切か」のように、「らしい」や「か」は語幹に付く。

◇助動詞活用表

意味	基本形	用例	活用形 未然形	連用形	終止形	連体形	仮定形	命令形	接続
受け身・可能・自発・尊敬	れる	行かれる	れ	れ	れる	れる	れれ	れろ れよ	▼五段・サ変の動詞の未然形。
	られる	開けられる	られ	られ	られる	られる	られれ	られろ られよ	▼右以外の動詞および一部の助動詞の未然形。
使役《しえき》	せる	走らせる	せ	せ	せる	せる	せれ	せろ せよ	▼五段・サ変の動詞の未然形。
	させる	考えさせる	させ	させ	させる	させる	させれ	させろ させよ	▼右以外の動詞の未然形。
希望	たい	見たい	たかろ	たかっ たく	たい	たい	たけれ	○	▼動詞および一部の助動詞の連用形。
	たがる	知りたがる	たがら（たがろ）	たがり たがっ	たがる	たがる	たがれ	○	
断定	だ	友達だ	だろ	だっ で	だ	（な）	なら	○	▼体言・助詞「の」など。
	です	友達です	でしょ	でし	です	（です）	○	○	
様態	そうだ	降りそうだ	そうだろ	そうだっ そうで そうに	そうだ	そうな	そうなら	○	▼動詞および一部の助動詞の連用形、形容詞・形容動詞の語幹。
	そうです	降りそうです	そうでしょ	そうでし	そうです	（そうです）	○	○	

伝聞	そうだ	降るそうだ	○	そうで	そうだ	○	○	○	▼用言および一部の助動詞の終止形。
	そうです	降るそうです	○	そうでし	そうです	(そうです)	○	○	
推定 たとえ 例示	ようだ	降るようだ	ようだろ	ようだっ ようで ように	ようだ	ような	ようなら	○	▼用言および一部の助動詞の連用形、体言＋「の」、連体詞「この」など。
	ようです	降るようです	ようでしょ	ようでし	ようです	(ようです)	○	○	
根拠《こんきょ》のある推定	らしい	欠席らしい	○	らしかっ らしく	らしい	らしい	(らしけれ)	○	▼体言、形容動詞の語幹、動詞、形容詞の終止形など。
意志 推量 勧誘《かんゆう》	う	遊ぼう	○	○	う	(う)	○	○	▼五段動詞・形容詞・形容動詞および一部の助動詞の未然形。
	よう	食べよう	○	○	よう	(よう)	○	○	▼右以外の動詞および一部の助動詞の未然形。
否定の意志 否定の推量	まい	話すまい	○	○	まい	(まい)	○	○	▼一般に、五段動詞の終止形、その他の動詞の未然形など。
否定(打ち消し)	ない	言わない	なかろ	なかっ なく	ない	ない	なけれ	○	▼動詞および一部の助動詞の未然形。(形容詞・形容動詞の連用形に付く「ない」は形容詞。)
	ぬ(ん)	言わぬ(ん)	○	ず	ぬ(ん)	ぬ(ん)	ね	○	
過去 完了《かんりょう》 存続 確認《かくにん》	た	聞いた	たろ	○	た	た	たら	○	▼用言および一部の助動詞の連用形。
丁寧《ていねい》	ます	帰ります	ませ ましょ	まし	ます	ます	ますれ	ませ (まし)	▼動詞および一部の助動詞の連用形。

＊(　)の形は、ほとんど使われないか、限られた使われ方をするもの。

＊「れる・られる」の自発と可能には、命令形がない。

「中学基礎100」アプリ テスト前 5科4択 で，
スキマ時間にもテスト対策！

問題集

アプリ

日常学習
テスト1週間前

『中学基礎がため100％』
シリーズに取り組む！

定期テスト直前！

テスト必出問題を
「4択問題アプリ」で
チェック！

アプリの特長

『中学基礎がため100％』の
5教科各単元に
それぞれ対応したコンテンツ！
＊ご購入の問題集に対応した
コンテンツのみ使用できます。

テストに出る重要問題を
4択問題でサクサク復習！

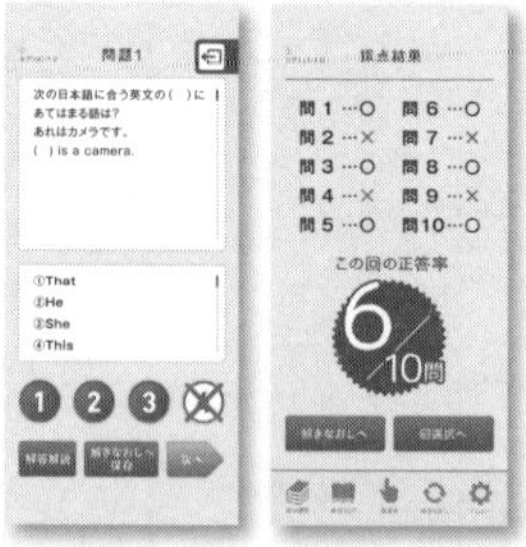

間違えた問題は「解きなおし」で，
何度でもチャレンジ。
テストまでに100点にしよう！

＊アプリのダウンロード方法は，本書のカバーそで（表紙を開いたところ），または1ページ目をご参照ください。

中学基礎がため100％
できた！ 中学国語
文法

2021年 2 月 第1版第1刷発行
2022年10月 第1版第5刷発行

発行人／志村直人
発行所／株式会社くもん出版
〒141-8488
東京都品川区東五反田2−10−2 東五反田スクエア11F
☎ 代表 03(6836)0301
編集直通 03(6836)0317
営業直通 03(6836)0305

印刷・製本／共同印刷株式会社

デザイン／佐藤亜沙美（サトウサンカイ）
カバーイラスト／いつか
本文イラスト／渡邉美里
本文デザイン／岸野祐美（京田クリエーション）
編集協力／株式会社エイティエイト

ISBN 978-4-7743-3118-8

CD57515
くもん出版ホームページ https://www.kumonshuppan.com/
＊本書は『くもんの中学基礎がため100％ 中学国語 文法編』を改題し，新しい内容を加えて編集しました。

➡ていねいに引っぱってください。別冊解答になります。

中学基礎がため100%

できた！中学国語

文法

別冊

解答と解説

KUMON

一章 言葉の単位

①言葉の単位

文章・段落・文／文節・単語

P.4 確認❶

❶ ㋐ 文章　㋑ 文　㋒ 段落

❷ (1) 段落の初め…最近の・それは　例えば・しかし　(順不同)

(2) 数…四　八

P.5 確認❷

❶ (上から) 文　文節　単語

❷ (1) 文　(2) 文節　(3) 単語

❸ (1) A ア　B イ

(2) A イ　B ア

(3) A イ　B ア

(4) A イ　B ア

(5) A ア　B イ

一章 言葉の単位

②文節と単語

文節と単語の分け方 1

P.6 確認❶

❶ (1) 犬が<ネ走る。

(2) 父と<ネ散歩を<ネする。

(3) 美しい<ネ絵が<ネある。

❷ (1) 庭に／水を／まく。

(2) 新幹線で／京都へ／行く。

(3) 先生は／いつも／やさしい。

(4) 授業の／復習を／毎日／行う。

(5) 静かな／公園で／少し／休む。

❸ (1) 僕は／水が／飲みたい。

(2) 母は／本を／読むのが／好きだ。

(3) 弁当を／残さず／きれいに／食べた。

(4) 二人で／重い／荷物を／部屋に／運ぶ。

(5) 今年の／夏は／意外と／涼しいと／思う。

P.7 確認❷

❶ 振り回す　チェックする　細長い　心苦しい　注意する

❷ (1) 高く／舞い上がる。

(2) とても／書きやすい。

(3) 夏の／夜は／暑苦しい。

(4) 映画を／見て／感動する。

❸ (1) 父が／弟を／呼び出す。

(2) 重苦しい／空気が／会議室に／流れる。

(3) 歌詞が／難しいので／歌いにくい。

(4) 目前に／広がる／風景を／スケッチする。

確認❸

❶ 静かでは／ない・よくは／ない　悔しくは／ない・確実では／ない　(順不同)

❷ (1) あまり／大きく／ない。

(2) 部屋は／きれいで／ない。

(3) プールの／水が／冷たく／ない。

(4) 君の／手伝いは／必要で／ない。

❸ (1) 友達の／努力は／決して／むだで／ない。

(2) 距離が／近く／ないので／疲れた。

(3) 彼が／来ないから／おもしろく／ない。

(4) 元気で／ない／理由が／わからない。

(5) 魚が／釣れないのは／珍しく／ない。

一章 言葉の単位

② 文節と単語

文節と単語の分け方 2

P.8

確認❶

❶ 帰ってくる　呼んでみる　買っておく
笑っている　教えてやる

❷ (1) 道を／聞いて／みる。
(2) 牛乳を／飲んで／いる。
(3) 飛んで／くるのは／鳥だ。

❸ (1) 美容院で／髪を／切って／もらう。
(2) 母が／弁当を／作って／くれる。
(3) いとこは／北海道に／住んで／いる。
(4) 描きあげた／絵を／飾って／おく。

確認❷

A 近所・図書館・行く
B の・に　（順不同）

P.9

確認❸

❶ (1) 空／が／明るい。
(2) バス／から／降りる。
(3) 数学／の／問題／を／解く。
(4) 玄関／で／コート／を／脱ぐ。

❷ (1) 定規／で／線／の／長さ／を／測る。
(2) 僕／は／いつも／同じ／時間／に／起きる。
(3) 星／が／きらきらと／光／を／放つ。
(4) 赤ちゃん／の／手／は／とても／かわいい。

解説 (3)「きらきらと」で一単語(副詞)。▼P.70 確認❶

確認❹

(1) ア　(2) ア　(3) イ　(4) ア

確認❺

❶ (1) 乗せ／て／あげる
(2) 変わっ／て／いく
(3) 読ん／で／もらう

❷ (1) 弟／に／竹とんぼ／を／作っ／て／やる。
(2) 合格／を／目標／に／頑張っ／て／みる。
(3) 世界／の／人口／が／増え続け／て／いる。

一章 言葉の単位

テスト

P.10

❶ (1) 文節…イ　単語…ウ
(2) 文節…ウ　単語…オ
(3) 文節…ウ　単語…エ

解説 (2)「〜て（で）〜」の形の言葉は、二文節三単語と数える。▼P.9 確認❺

❷ (1) (文節) 暑いから／帽子を／かぶる。
(単語) 暑い／から／帽子／を／かぶる。

(2) (文節) 子供が／プールへ／飛び込む。
(単語) 子供／が／プール／へ／飛び込む。

(3) (文節) 僕の／絵を／見て／もらう。
(単語) 僕／の／絵／を／見／て／もらう。

(4) (文節) 庭に／赤い／花が／咲く。
(単語) 庭／に／赤い／花／が／咲く。

(5) (文節) 数学の／テストの／勉強を／する。
(単語) 数学／の／テスト／の／勉強／を／する。

(6) (文節) 遅くまで／勉強する。
(単語) 遅く／まで／勉強する。

解説 (2)・(6) (2)の「飛び込《こ》む」・(6)の「勉強する」は複合語なので、一文節一単語。▼P.9 確認❹
(3)「見てもらう」は、「〜て〜」の形の言葉なので、

二文節三単語になる。▼P.9 確認❺

P.11

❸ (1) 四 (2) 四
(3) そして／実も／よく／とれたのです。

解説 (3)「とれたのです」で、一文節である。「とれ」だけが自立語で、「た」「の」「です」は付属語。

❹ (1) （文節）たたいて／くれる
（単語）たたい／て／くれる
(2) ⓑ

解説 (1)「たたいてくれる」は、「〜て〜」の形の言葉なので、二文節三単語になる。▼P.9 確認❺
(2) ⓐは「できない」、ⓒは「もらわなければ」、ⓓは「とれないほど」で一文節。

P.12

二章 文の成分

① 文節の関係

主・述の関係

確認❶

❶ (1) 主語…ピッチャーが 述語…投げる
(2) 主語…夕日が 述語…美しい
(3) 主語…これが 述語…作品だ
(4) 主語…飲み物が 述語…ある

❷ (1) ア (2) イ (3) ウ (4) エ

❸ (1) 水が冷たい。 (2) 番犬がいる。
(3) 弟が泣く。 (4) これが学校だ。

P.13

確認❷

❶ (1) 洗濯物が (2) 消しゴムは
(3) 彼女こそ

❷ (1) 述語…勉強する 主語…山田君も
(2) 述語…丸い 主語…地球は
(3) 述語…ある 主語…千円札が

❸ (1) 主語…犬は 述語…鳴きます
(2) 主語…君こそ 述語…ふさわしい
(3) 主語…内容は 述語…真実だ

P.14

二章 文の成分

① 文節の関係

修飾・被修飾の関係

確認❶

❶ (1) 料理を (2) 集まる (3) 情報が
(4) とる

❷ (1) 花が (2) 中から (3) 低い
(4) 練習する (5) 人生を (6) 笑う

❸ (1) まぶしい (2) マラソンの (3) とても
(4) 外から (5) 宇宙に

P.15

確認❷

❶ (1) 花が (2) 咲く (3) 教室で・聞く

❷ (1) 連体 (2) 連用 (3) 連体
(4) 連用 (5) 連体

❸ (1) 数学の (2) すぐに
(3) 連体修飾語…大きな
連用修飾語…教室中に
(4) 連体修飾語…うれしい
連用修飾語…次々と

P.16

二章 文の成分

① 文節の関係

接続の関係・独立の関係

確認❶

❶ (1) 転んだので (2) だから (3) だけど

P.17

確認❷

(4) つらいけれど

❷ (1) だから (2) しかし (3) すると

❸ (1) 困ったので (2) 悔しいけれど (3) 走ると (4) 敗れたが

❹ (1) 理由 (2) 条件 (3) 逆接

二章 文の成分 ②連文節 主部・述部・修飾部・接続部・独立部

P.18

確認❶

❶ (上から) 主部 修飾部 述部

❷ (1) 主部 (2) 述部 (3) 修飾部 (4) 接続部 (5) 独立部

確認❷

❶ (1) こんにちは (2) ああ (3) もしもし (4) 自立 (5) ほらほら

❷ (1) 感動 (2) 呼びかけ (3) 応答 (4) 提示 (5) 感動 (6) 呼びかけ

P.19

❸ (1) イ (2) ウ (3) イ (4) イ

❹ (1) ア (2) イ (3) イ (4) ア

❺ (1) イ (2) イ (3) イ (4) ア

❻ (1) ア (2) ア (3) ア (4) ア

❼ (1) ア (2) ア (3) ア (4) ア

二章 文の成分 ②連文節 並立の関係

P.20

確認❶

❶ (1) ① ひまわりが ② 咲いた

(2) ① 大きくて ② 深い

P.21

確認❷

❷ (1) 野菜を (2) 鮮やかな (3) 僕も (4) 明るい

❸ (1) 国語や・数学の (2) まじめで・すなおな (3) はさみと・のりだ (4) わかりやすく・親切に

■ (1) 主部 (2) 述部 (3) 修飾部 (4) 接続部 (5) 独立部

確認❸

❶ (1) ① 牛乳を

(2) ① ほがらかで ② おおらかだ

❷ (1) バットとボールは野球道具だ。

(2) 父は健康で若々しい。

(3) 高くて険しい山に登る。

二章 文の成分 ②連文節 補助の関係／まとめ

P.22

確認❶

❶ (1) いる (2) みる (3) ほしい (4) ない (5) しまう (6) ない

❷ (1) 読んで・いる (2) 解いて・みる (3) 必要で・ないので (4) しまって・おく (5) 買って・やる (6) 描いて・よい

P.23

確認❷

❶ (1) 主部 (2) 述部 (3) 修飾部 (4) 接続部

解説

(3) 「作業の」を修飾《しゅうしょく》している。

❷ (1) 読んで・ほしいのは (2) 飼って・いる

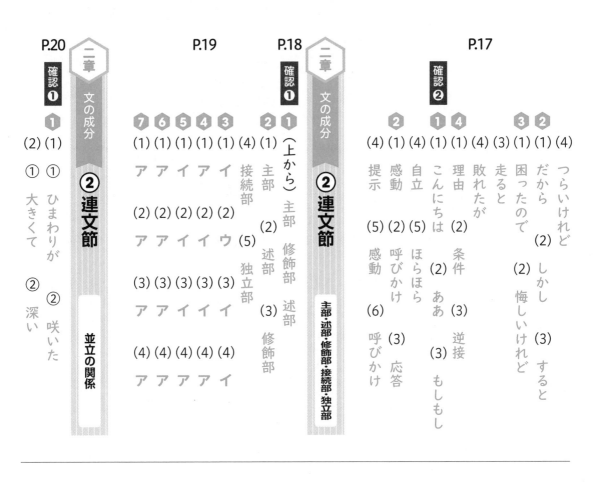

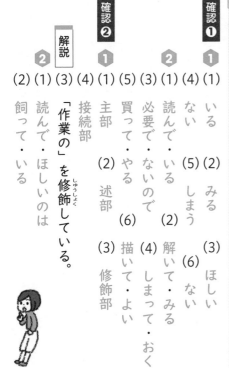

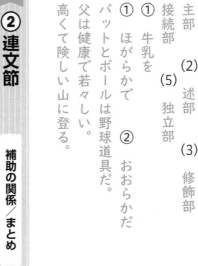

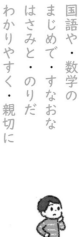

(3) にぎやかで・ない
(4) 置いて・おくので

まとめ

❶ (1) 修飾・被修飾 (2) 並立
(3) 主・述 (4) 補助

❷ (1) 食事が・済んだら
(2) 大きな・水そうが
(3) ナイフと・フォークを
(4) おもしろく・ない

二章 文の成分

◆文の組み立て まとめ

P.24 確認❶

❶ (1) 主・述 (2) 修飾・被修飾
(3) 並立 (4) 補助 (5) 修飾・被修飾

❷ (1) イ (2) イ (3) ア
(4) ア (5) イ

P.25 確認❷

❶ (1) ① 補助 ② 述部
(2) ① 並立 ② 主部
(3) ① 主・述 ② 修飾部

❷ (1) ① 成分…主部 関係…修飾・被修飾
② 成分…修飾部 関係…修飾・被修飾
(2) ① 成分…接続部 関係…主・述
② 成分…述部 関係…補助
(3) ① 成分…接続部 関係…修飾・被修飾
② 成分…修飾部 関係…修飾・被修飾
(4) ① 成分…独立部 関係…並立
② 成分…主部 関係…修飾・被修飾

二章 文の成分

テスト1

P.26

❶ (1) 主語…花が 述語…美しい イ
(2) 主語…美術館は 述語…ある エ
(3) 主語…弟も 述語…中学生だ ウ
(4) 主語…食事さえ 述語…通らない ア
(5) 主語…朝露が 述語…輝く ア

解説 (3)・(4) 主語には「が」や「は」だけでなく、「も」や「さえ」が付くこともある。▼P.13 確認❷
(5) 主語と述語の順序が逆になっている倒置《とうち》の文。

❷ ① 姿が ② 映る ③ 映る
④ 連用修飾語 ⑤ 姿が ⑥ 連体修飾語

解説 用言をふくむ文節を修飾《しゅうしょく》する文節が連用修飾語、体言をふくむ文節を修飾する文節が連体修飾語である。▼P.15 確認❷

❸ 独立語…ねえ 記号…イ 独立語…いや 記号…ウ
独立語…やれやれ 記号…ア (順不同)

解説 独立語は、ふつう、文の初めにくる。▼P.17 確認❷

P.27

❹ (1) 作らないと (2) 確かに めったに (順不同)
(3) エ (4) でも

解説 (1) 「人たちは・作らないと」は、主・述の関係。▼P.13 確認❷
(2) 「確かに」も「めったに」も、「作らない」の修飾語。▼P.14 確認❶
(3) 「(仮に)(料理を) 作ったとしても」という仮

定を表して、あとにつないでいる。
(4) 接続語 ▼P.16 確認❶

❺
(1) 親子の銀狐は　(2) 見え始めました
(3) ⓐ ウ　ⓑ オ

解説
(1)「親子の」は「銀狐《ぎんぎつね》は」を修飾し、この二文節で主部となる。
(2)「ぽっつり」は、どのように「見え始め」たかを詳《くわ》しく説明する修飾語。
(3) ⓑ 呼びかけの言葉なので独立語。▼P.17 確認❷

P.28

二章 文の成分 テスト2

❶
並立の関係…牛と・馬が　深く・静かな
補助の関係…飲んで・いた　見て・いる　（順不同）

解説
並立の関係 ▼P.20 確認❶
補助の関係 ▼P.22 確認❶

❷
(1) ① ウ　② ア　③ イ
(2) ① ア　② エ　③ ウ　④ イ

解説
二つ以上の文節が結びついて文の成分になっているとき、それらを主部・述部・修飾部《しゅうしょくぶ》・接続部・独立部という。▼P.18 確認❶

❸
(1) ① 並立　② 補助　(2) 材料と
(3) 文の成分…主部
文節の関係…修飾・被修飾

解説
(3) ③は、「守り育てたのです」の主部になっている。

P.29

❹
(1) エ　(2) 見て過ごす　(3) イ　(4) 並立

解説
(1) 文節と文節をつなぐ働きをしている接続語。▼P.16 確認❶
(2)「黙《だま》って」は、どのように「見て過ごす」のかを詳《くわ》しく説明する修飾語。▼P.15 確認❷
(4)「恥《は》じたり悔《く》いたり」と順序を入《い》れ換《か》えることができるので、並立《へいりつ》の関係。▼P.21 確認❸

❺
(1) 健太郎は　(2) ① エ　② ウ
(3) ① 実感しました　② 連用

解説
(2) ①「〜（する）と」という条件を示しており、接続部である。
(3)「子供心にも↓実感しました」という修飾・被修《ひしゅう》飾《しょく》の関係。また、用言をふくむ文節を修飾しているので、「子供心にも」は連用修飾語。▼P.15 確認❷

P.30

三章 単語のいろいろ ①品詞分類 品詞の分類1

確認❶

❶
(1) 自立語…鳥・空・飛ぶ
付属語…が・を
(2) 自立語…バラ・花瓶・さす
付属語…を・に　（順不同）

❷
(1) 自立語…家・のんびり・過ごす
付属語…で
(2) 自立語…ここ・学校・歩き
付属語…から・まで・ます
(3) 自立語…私・弟・い
付属語…に・は・が・ます　（順不同）

3 自立語…鉛筆・ナイフ・削る
付属語…を・で （順不同）

P.31

確認2

1 語形が変化する
2 (1) 飛ば (2) 美しく (3) 静かで

確認3

1 (1) ① は・が （順不同） ② らしい
(2) ① を・に （順不同） ② たい
2 ① まで・の・は （順不同）
② そうだ

三章 単語のいろいろ

①品詞分類

品詞の分類2／まとめ

P.32

確認1

1 (1) 魚 (2) 小鳥
2 四月・机・時計 （順不同）

確認2

(1) 副詞 (2) 連体詞 (3) 接続詞
(4) 感動詞

P.33

確認3

1 (1) 飛び回る (2) うすい
(3) はなやかだ
2 幸福だ・助ける・丸い （順不同）

解説
「時間」は体言。「そして」「まるで」「あの」「たぶん」は活用しないので、用言ではない。

まとめ

1 (1) 自立語、活用しない、主語になれる
(2) 自立語、活用する、述語になれる
(3) 自立語、活用する、述語になれる
(4) 自立語、活用する、述語になれる

---

2 ① 運動・体 ② 適度な・よい
③ は・に （①～③は順不同）
④ らしい

三章 単語のいろいろ

②名詞

名詞の性質と働き

P.34

確認1

1 ① 自立語 活用 ② 名前
③ 主語 ④ 名詞
2 (1) 黒板 (2) 青森県 (3) テント
(4) 気持ち
3 (1) 新聞・記事 (2) 病院・診察
(3) 家族・北海道・旅行
(4) テレビ・評判・サーカス団
(5) 世界・山・エベレスト （順不同）

解説
(4) 「評判」は、「評判がいい。」などのように、主語になることができるので、名詞である。

P.35

4 (1) レストラン 料理
(2) 弟 リレー 選手
(3) 他人 心 痛み
(4) 琵琶湖 日本 湖 （順不同）

解説
(3) 「痛み」の「み」は程度や状態などを表す接《せつ》尾語《びご》で、形容詞・形容動詞の一部に付いて名詞を作る。

5 (1) 図書館 資料
(2) 単語 意味 辞書
(3) 将来 進路 時間

(4) 父　レコード　趣味
(5) 質問　人　職員室　（順不同）

6 文法　自分たち　言葉　目的　（順不同）

解説 「自分たち」の「たち」は、接尾語。上の言葉に付いているものなので、名詞の一部としていっしょに書きぬく。

確認2
(1) 主語　(2) 述語　(3) 修飾語
(4) 独立語

P.36

三章 単語のいろいろ ②名詞 名詞の種類

確認1

1 (1) ① 普通　② 固有
(2) ① 普通　② 固有
(3) ① 固有　② 普通

2 普通名詞…麦茶・読書・神社・はさみ
固有名詞…熊本県・源氏物語・夏目漱石・イタリア（順不同）

3 (1) いとこ　長野県　(2) 野口英世　伝記
(3) 中山先生　人気　(4) 授業　イギリス
(5) 山田さん　改札口
(6) 父　ニューヨーク

解説 (6)「出張した」は「出張する」という動詞に付属語「た」が付いたものである。

P.37

確認2

1 四位・十日目・百円・二十人（順不同）

2 (1) 一時間　(2) 二百頭　(3) 何ページ

確認3

1 (1) こと　(2) ため　(3) とおり
(4) はず

2 (1) ところ　(2) ほう　(3) もの
(4) とおり　(5) うち

P.38

三章 単語のいろいろ ②名詞 代名詞／指示語／まとめ

確認1

1 (1) あなた　(2) こちら　(3) そこ

2 そちら　どこ　それ　あっち

確認2

1 (1) 人称　(2) 指示

2 (1) あなた　これ　(2) 君　あそこ
(3) 私　どれ

P.39

確認3

1 (1) 事物　(2) 事物
(3) 場所　(4) 方向

2 (1) あそこ　どの　(2) こっち　そう
(3) その　こんな　(4) この　どこ

解説 「こ・そ・あ・ど」が頭に付く言葉を探す。(2)の「彼《かれ》」は、代名詞ではあるが指示語ではない。

まとめ
① 固有名詞　② 普通名詞
③ 形式名詞　④ 代名詞　⑤ 数詞

P.40

三章 単語のいろいろ ③動詞 動詞の性質と働き

確認1

1 ① 自立語　活用　② 述語
③ ウ　④ 動詞

2 (1) 書く　(2) 作る　(3) ある

3 (1) 帰る　(2) 休む　(3) 選ぶ

P.41

確認2

4 (1) 着く (2) 倒れる (3) 来る (4) 集める (5) 見る

5 (1) 行っ↓行く (2) 続け↓続ける (3) 聞い↓聞く (4) 飲ん↓飲む (5) 登ろ↓登る 思い↓思う（順不同）

(1) 述語 (2) 修飾語 (3) 主語
(4) 接続語 (5) 修飾語

三章 単語のいろいろ ③動詞 動詞の種類

P.42

確認1

1 (1) 出す (2) 出る

2 (1) ① 他 ② 自
(2) ① 自 ② 他

3 (1) 始める (2) 覚める (3) 鳴らす
(4) 起きる

4 わかす・愛する・乱す・読む（順不同）

P.43

確認2

1 (1) 飛べる (2) 休める (3) 泳げる

2 (1) 書ける (2) 運べる (3) ひける

確認3

1 (1) イ (2) ア (3) ア (4) イ
(5) イ (6) イ (7) ア (8) ア

2 みる・ある・いる・おく（順不同）

三章 単語のいろいろ ③動詞 動詞の活用形 1

P.44

確認1

1 (1)（右から）語ら 語ろ
(2) 起き (3) 捨て (4) 来
(5)（右から）し せ さ

2 (1) 話そ (2) 考え (3) 行か
(4) 変化し (5) 混ぜ (6) 来

P.45

確認2

1 (1) 読み (2) 起き (3) 受け
(4) 来 (5) し

2 (1) かれ (2) 運び (3) 落ち
(4) 帰り (5) 勉強し

解説
(5)「遊ぼ」は「う」に続いているので未然形。

確認3

1 (1) 咲き (2) 咲い

2（上から）(1) 浮き・浮い (2) 笑い・笑っ
(3) 運び・運ん
(4) 変わり・変わっ

三章 単語のいろいろ ③動詞 動詞の活用形 2

P.46

確認1

(1) 植える (2) 待つ
(3) 行く (4) 探す

確認2

(1) 植える (2) 待つ
(3) 行く (4) 探す

P.47

確認3

(1) ① 終止 ② 連体
(2) ① 終止 ② 連体
(3) ① 連体 ② 終止
(4) ① 連体 ② 終止

確認4

(1) 語れ (2) 落ちれ (3) 捨てれ
(4) 見れ (5) 来れ (6) 注意すれ

確認5

(1) 話せ (2) 置け

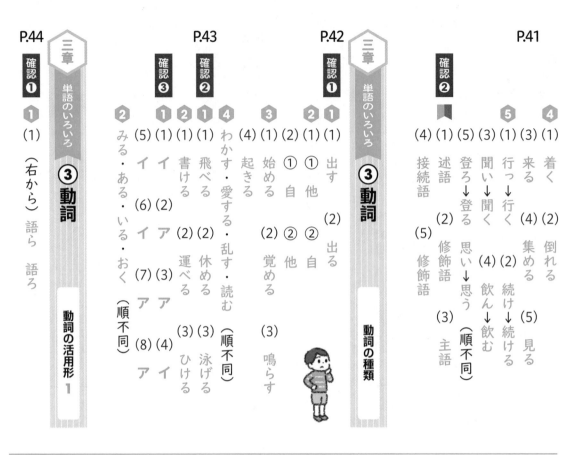

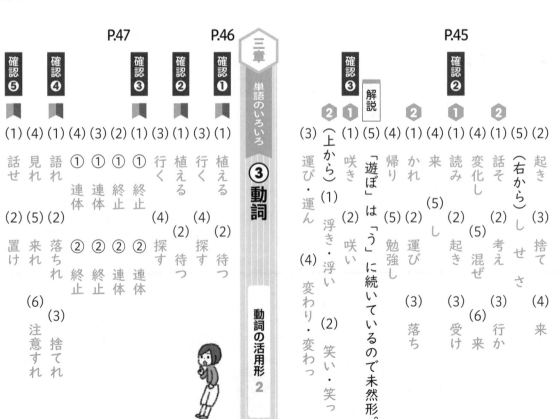

(3) 見ろ　見よ　(4) 寄せろ　寄せよ
(5) 来い　(6) 整理しろ　整理せよ

三章 単語のいろいろ ③動詞 動詞の活用表／活用の種類

P.48

確認❶

1 未然形…話さ・話そ　連用形…話し
終止形…話す　連体形…話す
仮定形…話せ　命令形…話せ

2 (1) 活用語尾　(2) お
(3) 未然形…落ち　連用形…落ち
終止形…落ちる　連体形…落ちる
仮定形…落ちれ
命令形…落ちろ・落ちよ（順不同）

解説
(2) 「ち」は活用語尾《かつようごび》にふくまれているので、語幹は「お」だけである。

P.49

確認❷

1 ① き　② け　③ じ　④ じれ
⑤ め　⑥ める　⑦ カ行変格
⑧ サ行変格

2 ① 五段　② 上一段

解説
① 活用語尾がアイウエオの五段に活用している。
② 活用語尾がイ段にだけ活用している。

三章 単語のいろいろ ③動詞 活用の種類の見分け方

P.50

確認❶

1 カ変の動詞…来る
サ変の動詞…する・愛する（順不同）

P.51

2 ① ば　② ア　③ 五段
④ み　⑤ イ　⑥ 上一段
⑦ て　⑧ エ　⑨ 下一段

3 (1) 五段　(2) 下一段
(3) 五段　(4) 上一段

4 (1) 降り・上一段　(2) 待た・五段
(3) 固め・下一段

5 (1) 五段活用…外す・立つ
(2) 上一段活用…伸びる・満ちる
(3) 下一段活用…切れる・育てる
(4) カ行変格活用…来る
(5) サ行変格活用…復習する　（(1)〜(3)順不同）

6 (1) 下一段　(2) 五段　(3) 上一段
(4) 下一段　(5) カ行変格　(6) 五段
(7) サ行変格

7 ① 五段　② 上一段
③ サ行変格　④ 下一段

解説
④ 「思い出せ」は、可能動詞「思い出せる」の未然形。「思い出せ―ない」となるので下一段活用。可能動詞はすべて下一段活用である。「思い出す」は、「思い出さ―ない」となるので五段活用。

三章 単語のいろいろ ③動詞 まとめ

P.52

1 いる・投書する

P.53

❷ 間違える・飛べる（順不同）

(1) あれ↓ある　(2) 求め↓求める

(3) 起き↓起きる　(4) 呼ん↓呼ぶ

(5) 注意し↓注意する　(6) 来↓来る

❸ 可能動詞…泳げる　補助動詞…いる

❹ (1) 未然　(2) 連用　(3) 終止

(4) 連体　(5) 仮定

(6) 命令　(7) 連用　(8) 未然

解説 (7)「た」に続いているので、連用形。「作り」↓「作っ（た）」と音が変わっているので促《そく》音便《おんびん》。

❺ (1) 五段　(2) サ行変格　(3) 下一段

(4) 上一段　(5) カ行変格

❻ (1) 出会っ　(2) ⓓ　(3) ア

(4) **可能動詞**…なれる　**活用の種類**…下一段

解説 (1)「出会った」と「た」に続いて促音便になっている。「出会っ」は「出会う」の連用形。

(2) ⓓは未然形。他は連用形。

(3)「やめる」は体言「こと」に続いているので連体形。**ア**以外は終止形。

(4)「なれる」は「なることができる」という意味の可能動詞。可能動詞はすべて下一段活用。

P.54

三章 単語のいろいろ

④ 形容詞

形容詞の性質と働き

確認❶

❶ ① 自立語　活用　② 述語　③ い

P.55

④ 形容詞

❷ (1) おかしい　(2) 安い　(3) 悲しい

❸ (1) 強い　(2) 美しい　(3) 楽しい

❹ (1) 寒い　(2) 薄い　(3) 怖い　(4) 眠い

❺ (1) 丸く↓丸い　(2) 珍しかろ↓珍しい

(3) 重けれ↓重い

(4) おいしかっ↓おいしい

❻ 長い↓長い

やさしく↓やさしい

うれしかっ↓うれしい

確認❷

(1) 述語　(2) 連体修飾語　(3) 連用修飾語

(4) 主語　(5) 接続語

P.56

三章 単語のいろいろ

④ 形容詞

補助形容詞／形容詞の活用

確認❶

❶ (1) ほしい　(2) よい　(3) ない

解説 「もらう」「くる」「なる」は補助動詞。

❷ (1) イ　(2) ア　(3) ア　(4) イ

❸ (1) ア　(2) イ　(3) ア

(4) ア　(5) イ　(6) イ

P.57

確認❷

❶ (1) 赤かろ　(2) 赤かっ　(3) 赤く

(4) 赤い　(5) 赤い　(6) 赤けれ

❷ (1) 未然形…大きかろ

連用形…大きかっ

大きく

終止形…大きい

連体形…大きい

(2)
仮定形…大きけれ
未然形…新しかろ
連用形…新しかっ
新しく
終止形…新しい
連体形…新しい
仮定形…新しけれ

三章 単語のいろいろ

④形容詞

形容詞の音便／形容詞の活用表／まとめ

P.58

確認❶

❶ (1) ひろかっ (2) ひろく (3) ひろう

(4) たこう (5) おいしゅう

❷ (右上から) 恥ずかしかっ・恥ずかしく

恥ずかしゅう

P.59

確認❷

(1) 終止 (2) 連体 (3) 連体

(4) 終止

確認❸

❶ (1) かなし (2) うるさ (3) ただし

(4) おおき (5) うらやまし

❷ (1) かろ (2) かっ (3) く

(4) う (5) い (6) けれ

❸ (1) い (2) く (3) かっ

(4) かろ (5) けれ (6) い

P.60

❹ (1) ① く ② う (①と②は順不同)

③ い

(2) ① かろ ② かっ ③ けれ

(3) ① かろ ② う ③ い

④ い ⑤ けれ

❺ (1) 連体 (2) 終止 (3) 連用

(4) 連用 (5) 連用 (6) 仮定

(7) 未然

❻ (1) 形容詞…涼しく 活用形…連用

(2) 形容詞…眠かろ 活用形…未然

(3) 形容詞…よけれ 活用形…仮定

形容詞…楽しい 活用形…連体 (③は順不同)

P.61

まとめ

❶ 忙しく→忙しい

短かっ→短い

若けれ→若い (順不同)

解説 「ならない」の「ない」は助動詞。 ▼P.124 確認❶

❷ (1) 美しかろ (2) 美しかっ (3) 美しく

(4) 美しい (5) 美しい (6) 美しけれ

❸ (1) ① 終止 ② 連用 ③ 未然

(2) ⓐ なごう ⓑ めずらしゅう

(3) ウ

解説 (1) ①「と」に続いているので終止形。②「ない」に続いているので連用形。③「う」に続いているので未然形。

(2) ウ音便 ▼P.58 確認❶

P.62

三章 単語のいろいろ

⑤形容動詞

形容動詞の性質と働き

確認❶

❶ ① 自立語 活用 ② 述語

③ だ ④ 形容動詞

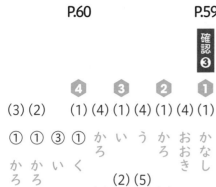

P.63

2
(1) さわやかだ (2) 豊かだ
(3) 活発です

3
(1) 便利だ (2) 好きだ (3) 静かです

4
(1) 立派だ (2) 豪華だ (3) 必要だ
(4) きれいです

5
(1) 静かだろ↓静かだ
(2) 豊かでしょ↓豊かです
(3) 明らかな↓明らかだ
(4) のんきに↓のんきだ

6
懸命な↓懸命だ わずかに↓わずかだ
満足だっ↓満足だ

確認❷
(1) 述語 (2) 連体修飾語
(3) 連用修飾語 (4) 主語 (5) 接続語

三章 単語のいろいろ

⑤ 形容動詞

形容動詞の活用／形容動詞の活用表／まとめ

P.64

確認❶
未然形…きれいだろ
連用形…きれいに
終止形…きれいだ
連体形…きれいな
仮定形…きれいなら

確認❷
未然形…きれいでしょ
連用形…きれいでし
連体形…きれいです

P.65

確認❸

1
(1) 静か (2) のどか (3) 正直

2
(1) だろ (2) だっ (3) で (4) に

P.66

(5) だ (6) な (7) なら

3
(1) でしょ (2) でし (3) です

4
(1) ① だろ ② に ③ な
(2) ① でしょ ② でし ③ です
(3) ① 元気 ② だっ ③ で ④ なら (②と③は順不同)

5
(1) 連体 (2) 連用 (3) 連用
(4) 終止 (5) 連用 (6) 仮定
(7) 連用 (8) 未然 (9) 未然
(10) 終止

6
形容動詞…確かなら 活用形…仮定
形容動詞…確実でしょ 活用形…未然 (順不同)

P.67

まとめ

1
いやに↓いやだ
さまざまな↓さまざまだ (順不同)

2
(1) 便利だろ (2) 便利だっ (3) 便利で
(4) 便利に (5) 便利だ (6) 便利な
(7) 便利なら

3
(1) 形容詞…(い)・(う)
形容動詞…(あ)・(え) (順不同)
(2) 品詞名…形容動詞 終止形…簡単だ
(3) ① 連体 ② 連用

解説
(1) (い)は「よい」、(う)は「速い」が終止形。「い」で終わるので形容詞。(あ)は「暖かだ」、(え)は「真剣《しんけん》だ」が終止形。「だ」で終わるので形容動詞。

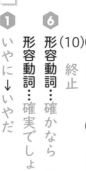

三章 単語のいろいろ ◆活用のある自立語 まとめ

P.68

確認❶

❶ (1) ア (2) イ (3) ウ (4) ウ
(5) イ (6) ア

❷ (1) 安い イ (2) 選ぶ ア
(3) 来る ア (4) 歩く ア
(5) はなやかだ ウ (6) 遠い イ

解説 終止形の最後の音で見分ける。

P.69

確認❷

(1) ほしい イ
(2) しまう ア (3) くる ア
(4) ない イ (5) いる ア

解説 終止形がウ段で終われば補助動詞、「い」で終われば補助形容詞である。

確認❸

❶ ① 品詞名…ウ 活用形…d
② 品詞名…ア 活用形…b
③ 品詞名…イ 活用形…c

解説 ①「きれいな」の終止形は「きれいだ」。

❷ (1) 形容詞…狭い 活用形…連体 (2) いく
(3) ⓒ 活用の種類…五段 活用形…未然
ⓓ 活用の種類…下一段 活用形…連用
(4) 形容動詞…巨大な 活用形…連体

解説 (3) ⓓの終止形は「立てる」。「て」に続くのは、連用形。

三章 単語のいろいろ ⑥副詞 副詞の性質と働き

P.70

確認❶

❶ ① 自立語 活用
② 状態
③ 連用修飾語
④ 副詞

❷ (1) いきなり (2) ほとんど

❸ (1) 読む (2) 冷たい (3) 静かだ
(4) 追いつく (5) 多い

❹ (1) 言う 動詞
(2) 冷たい 形容詞
(3) 暖かだ 形容動詞

P.71

確認❷

(1) 遊ぶ (2) 厚い (3) きれいだ
(4) 有利だ (5) 結んだ (6) 高い
(7) 激しい

確認❸

(1) イ (2) ア (3) イ (4) ア

解説 (1)「細かい説明」、(2)「にぎやかな歌」、(3)「力強いこぶし」、(4)「簡単なこと」などと活用させてみる。活用すれば副詞ではない。

三章 単語のいろいろ ⑥副詞 副詞の種類 1

P.72

確認❶

❶ (1) はっきり (2) のろのろ
(3) パタパタと

❷ (1) たちまち↓流行する

P.73

確認2

(2) そっと↓立った
(3) ブンブンと↓振り回す
(4) ばったり↓会った

3
(1) みるみる　(2) はっきり
(3) ごくごくと
(4) ほっと　(5) わざわざ

確認2

1
(1) とても　(2) きわめて　(3) かなり
(4) ずいぶん

2
(1) ちょっと↓増えた
(2) 大いに↓結構だ
(3) やや↓高い
(4) とても↓美しい

解説
(4) 「すぐに」は状態の副詞。

3
(1) ずっと↓魅力的だと
(2) もっと↓すばらしい
いっそう↓努力したいと　(順不同)

解説
文節単位で書きぬくことに注意しよう。

P.74

三章　単語のいろいろ

⑥副詞

副詞の種類2

確認1

1
(1) 前に　(2) はっきり　(3) 以前
(4) ゆっくり

解説
(1)・(3)は名詞をふくむ文節を、(2)・(4)は副詞の文節を修飾《しゅうしょく》している。

2
(1) もっと↓北に
(2) たいそう↓のんびりと

P.75

(3) だいぶ↓前の

解説
(1)・(3)は名詞をふくむ文節を、(2)は副詞の文節を修飾している。

確認2

(1) だろう　(2) ない　(3) たい
(4) だろう　(5) ない

確認3

1
(1) ても　(2) ようだ　(3) か
(4) ようだ　(5) か　(6) ても

2
(1) 副詞…まるで　言葉…ような
(2) 副詞…とうてい　言葉…ない
(3) 副詞…仮に　言葉…ても
(4) 副詞…決して　言葉…ない
(5) 副詞…どうぞ　言葉…ください
(6) 副詞…おそらく　言葉…だろう
(7) 副詞…なぜ　言葉…か

P.76

三章　単語のいろいろ

⑥副詞

まとめ

1
(1) じっくり　(2) ずいぶん
(3) おそらく　(4) くるくる　(5) すぐに

2
(1) とても↓丁寧だ
(2) カサカサと↓鳴る
(3) すらすら↓解けるのは
(4) だいぶ↓前に
(5) ぜひ↓参加したいと
(6) まったく↓行けなかったので
かなり↓伸びた

解説
(4)「だいぶ」は程度の副詞で、名詞をふくむ文節を修飾《しゅうしょく》している。
(6)「行けなかったので」で一文節。「行け」が自立語（動詞「行ける」の未然形）で、「なかっ」「た」「ので」は付属語。

3
(1) どうか (2) もし (3) 決して
(4) どうして (5) まるで

4
(1) しばらく・大変・いつも（順不同）
(2) ぜひ

解説
(1)「しばらく↓下宿する」、「大変↓すなおで」、「いつも↓かわいがって／いた」と修飾する。
(2)「ぜひ～ほしい」と呼応する。

5
初めて↓焼いた
なかなか↓おいしい
さっそうと↓出た（順不同）

6
(1) ① やめました ② 回復し
③ 思い出します
(2) A ようだ B か
(3) 常に・すでに（順不同）

解説
(2) A「まるで」と呼応する言葉が入る。
B「なぜ」と呼応する言葉が入る。
(3) ここでの「多く」は形容詞「多い」の連用形。
「確かに」は形容動詞「確かだ」の連用形。

三章 単語のいろいろ ⑦連体詞
連体詞の性質と働き

P.78 確認1

1
① 自立語 活用 ② どんな ③ 連体修飾語 ④ 連体詞

2
(1) その (2) おかしな

3
(1) 人に (2) 事件が (3) 原宿か

4
(1) いろんな (2) どの (3) たいした

P.79 確認2

1
(1) この↓本は
(2) いろんな↓情報を
(3) とんだ↓迷惑を
(4) 去る↓十月四日に
(5) 我が↓町の

2
ある↓日曜日 たいした↓熱では その↓日は
（順不同）

解説
「少し」「すぐに」は副詞である。

三章 単語のいろいろ ⑦連体詞
連体詞の特徴／まとめ

P.80 確認1

1
(1) 本を (2) 体験を (3) 打撃は
(4) 映像を (5) 猫が

2
(1) 小さな↓容器を
(2) とんだ↓勘違いを
(3) あらゆる↓状況にも

P.81

確認❷ (1) ア (2) イ (3) ア (4) ア (5) イ

解説 連体修飾語《れんたいしゅうしょくご》にしかなれないかどうかを考える。

確認❸ (1) イ (2) ア

解説 連体詞は主語になることができない。

まとめ

❶ あの・ある・とんだ（順不同）

解説 「別の」は、名詞「別」と付属語「の」。

❷ (1) ① 手は ② 瞳を ③ 人と

(2) 去る

解説 (2) 「小さい」は形容詞。「これ」は名詞（代名詞）。「すてきな」は形容動詞「すてきだ」の連体形。

三章 単語のいろいろ ⑧ 接続詞

接続詞の性質と種類／まとめ

P.82

確認❶

❶ ① 自立語 活用 ② 文 文 ③ 接続語 ④ 接続詞

❷ (1) すると (2) ところが (3) そして

P.83

確認❷ (1) だから (2) しかし

確認❸ (1) また (2) それとも

確認❹ (1) なぜなら (2) ところで

確認❺ (1) ア (2) イ (3) イ (4) ア

P.84

まとめ

❶ (1) だから (2) ところで (3) だが (4) なお (5) それとも (6) なぜなら

❷ (1) ところが (2) したがって (3) それに (4) あるいは

P.85

❸ (1) だから (2) そして (3) けれど

❹ (1) ○ (2) だから (3) あるいは

❺ (1) A イ B エ C ア

(2) ① エ ② ア

(3) よって・ところで（順不同）

解説 (1) A 温泉かキャンプのどちらかという意味なので、対比・選択《せんたく》の接続詞「あるいは」を選ぶ。

(2) ① 「だが」「けれど」は、逆接の接続詞。

② 「すると」「そこで」は、順接の接続詞。

(3) 「まだ」「まず」「そう」「とうとう」は副詞。

三章 単語のいろいろ ⑨ 感動詞

感動詞の性質と種類／まとめ

P.86

確認❶

❶ ① 自立語 活用 ② 呼びかけ ③ 独立語 ④ 感動詞

❷ (1) まあ (2) もしもし (3) いや (4) こんばんは

P.87

確認❷ (1) さあ (2) ええ (3) よいしょ (4) あら (5) おはよう

確認❸ (1) ア (2) ア (3) イ (4) ア

まとめ

感動…へえ・あっ（順不同）

呼びかけ…ねえ

応答…ええ

あいさつ…さようなら

◆副詞・連体詞・接続詞・感動詞 まとめ

P.88

確認❶

(1) ウ (2) ア (3) イ (4) エ
(5) ア (6) エ (7) イ (8) ウ

解説

(1)・(8) (1)の「だから」は順接の接続詞。(8)の「ところが」は逆接の接続詞。ともに前後の文と文をつないでいる。▼P.82 確認❷

(2) 「すでに↓迎《むか》えて／いた」と修飾《しゅうしょく》する副詞。

(3)・(7) (3)の「ある↓人の」、(7)の「どの↓方法が」と、体言をふくむ文節を修飾していて活用しないので、連体詞。

(4)・(6) (4)の「もしもし」は、相手に呼びかけるときに使う感動詞。(6)は、あいさつを表す。

(5) 「そう↓思って／いたなら」と修飾している。「こう・そう・ああ・どう」は指示語で、副詞。

P.89

確認❷

❶ (1) 立てたい イ (2) 災難を ア
(3) かわいい イ

解説

(1)・(3) (1)は「しっかりと↓立てたい」、(3)は「ずいぶん↓かわいい」と、それぞれ動詞をふくむ文節、形容詞の文節を修飾している副詞。

(2) 「とんだ↓災難を」と、体言をふくむ文節を修飾しているので連体詞。

❷ (1) かなり↓売れたので
(2) たいした↓度胸だ
(3) あらゆる↓可能性を

解説

(1) 「この」は連体詞。「本は」を修飾する。

(2) 「堂々と」は副詞。「言えるなんて」を修飾する。

(3) 「常に」は副詞。「秘《ひ》めて／いる」を修飾する。

❸ 副詞…さっそうと 連体詞…去る

解説

「盛大《せいだい》に」は、「行われた」を修飾しているが、「盛大な」「盛大で（ない）」などと活用するので、形容動詞「盛大だ」の連用形。

確認❸

❶ (1) 副詞 (2) 接続詞 (3) 副詞
(4) 感動詞

解説

(1)・(2) (1)は、「また」の位置を変えて「電話がまたかかってきた」としても意味が通じるが、(2)の「また」は、位置を変えることができない。

(3)・(4) (3)は「ちょっと↓泳いだ」と用言（動詞）をふくむ文節を修飾。(4)は相手に呼びかけている感動詞で、文中では独立語になっている。

❷ (1) ① ウ ② ア ③ イ ④ エ
(2) イ
(3) 副詞…よほど↓多いと
連体詞…その↓体の

解説

(1) ① 「たくさん↓食べる」と用言（動詞）の文節を修飾している副詞。
② 前後の文を逆接の関係でつないでいる接続詞。
③ 体言をふくむ文節「種類の」を修飾している連体詞。

④ 文の初めにあり、感動を表している感動詞。
(2) 文末に「食べてしまうからだ」とあるので、説明・補足を表す接続詞を選ぶ。
(3) 副詞の場合は用言を、連体詞の場合は体言を修飾する言葉から、活用しないものを探す。

三章 単語のいろいろ ⑩助詞 助詞の性質と種類／格助詞

P.90 確認❶

1 ① 付属語 活用 ② 主語 ③ 助詞

2 (1) が から (2) から (3) は に (4) の を (5) と へ

3 (上から) が ので の を

P.91 確認❷

1 (1) が (2) の (3)［主語を示す］…の ［連用修飾語を示す］…に・を (順不同)

2 (1) 場所 (2) 時間 (3) 対象

3 (1) ア (2) イ

解説 (1) イは主語を示す。(2) アは連体修飾語《れんたいしゅうしょくご》を示す。

P.92

4 (1) イ (2) ウ (3) ア (4) ア

確認❸ イ

P.93 確認❹

1 (1) 並立 (2) 場所 (3) 起点 (4) 比較の基準

2 (1) ア (2) ウ (3) ウ (4) イ

---

3 (1) イ (2) イ (3) ウ

三章 単語のいろいろ ⑩助詞 接続助詞

P.94 確認❶

(1) 順接 (2) 逆接 (3) 逆接 (4) 並立 (5) 逆接 (6) 順接 (7) 逆接

P.95 確認❷

(1) ① 順接 ② 並立 (2) ① 逆接 ② 順接 (3) ① 並立 ② 逆接 (4) ① 順接 ② 並立

確認❸

(1) ① 仮定 ② 確定 (2) ① 確定 ② 仮定

確認❹

(1) ① ア ② イ (2) ① ア ② イ (3) ① イ ② ア

三章 単語のいろいろ ⑩助詞 副助詞

P.96 確認❶

1 (1) ア (2) ア (3) イ

2 (1) ① 並立 ② 強調 (2) ① 類推 ② 例示

3 (1) イ (2) イ

解説 (1) アは類推を示す。(2) アは限度を示す。

P.97 確認❷

1 (1) ① 限定 ② 程度

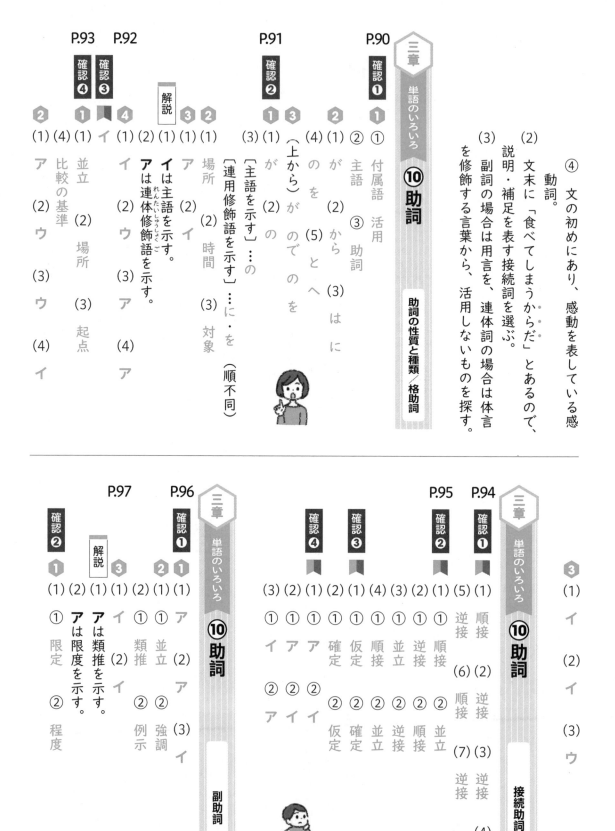

(2) ① 程度　② 限定
(3) ① 限度　② 程度

❷
(1) ア　(2) イ

解説
(1) **イ**は並立《へいりつ》を示す。
(2) **ア**は動作の直後、**ウ**は程度を示す。

三章 単語のいろいろ
⑩ 助詞
終助詞／まとめ

P.98
確認❶

(1) イ　(2) ア　(3) ア
(4) イ　(5) ア　(6) イ

P.99
まとめ

❶
(1) ① 接続　② 格
(2) ① 格　② 終
(3) ① 格　② 接続

❷
(1) 格助詞…①　接続助詞…②
副助詞…③　終助詞…④
(2) ⓐ イ　ⓑ イ　ⓒ ア
ⓓ ア　ⓔ ア
(3) 順接

解説
(2) ⓑの**ア**は主語を示す格助詞。ⓔの**イ**は限度を示す副助詞。

三章 単語のいろいろ
⑪ 助動詞
助動詞の性質と働き／「せる・させる」

P.100
確認❶

❶
① 付属語　活用　② 可能　③ 助動詞

❷
(1) せ　(2) なく　(3) ましょ
(4) たかっ

P.101

❸
(1) ない　(2) ようだ　(3) らしい
(4) だ

確認❷

❶
(1) せる　(2) させる　(3) せる
(4) させる

❷
(1) せ　(2) させれ　(3) させろ
(4) せ　(5) させ

確認❸

❶
(1) 話さ（ない）＋せる
(2) 与え（ない）＋させる

❷
(1) せる　(2) させる
(3) させる　(4) せる

三章 単語のいろいろ
⑪ 助動詞
「れる・られる」／「たい・たがる」

P.102
確認❶

❶
(1) 受け身　(2) 可能　(3) 自発
(4) 尊敬

❷
(1) られ　(2) れ　(3) れる
(4) られれ

解説
(4) 「始めれ（ば）」は、動詞「始める」の仮定形であり、助動詞「られる」が入った形ではない。

P.103
確認❷

❶
(1) 尋ね（ない）＋られる
(2) 蹴ら（ない）＋れる
(3) 見（ない）＋られる

❷
(1) れる ア　(2) られる イ
(3) られる ウ
(4) られる イ　(5) れる エ
(6) れる ア

確認❸
1 (1) ア (2) イ (3) イ (4) ア (5) ア
2 (1) たかっ (2) たがら (3) たい (4) たがる (5) たけれ (6) たがり
3 (1) たかっ (2) たがら (3) たい (4) たがり (5) たけれ

三章 単語のいろいろ ⑪助動詞 【ない・ぬ(ん)】／【だ・です】／【ます】

P.104

確認❶
1 (1) 聞こえない (2) 読まぬ（読まん）
2 (1) なかっ (2) ぬ（ん） (3) なけれ (4) ね (5) なく

P.105

確認❷
1 (1) ハトだ (2) 誕生日です
2 (1) だろ (2) でし (3) です (4) で (5) でしょ (6) なら

確認❸
1 (1) 飲みます (2) いらっしゃいます (3) かけています
2 (1) ませ (2) ましょ (3) まし (4) ます (5) ます (6) ませ

三章 単語のいろいろ ⑪助動詞 【た】／【う・よう】

P.106

確認❶
1 (1) 過去 (2) 完了 (3) 存続
2 (1) イ (2) ア

解説 (1) 完了《かんりょう》の用法を探す。**ア**は過去、**ウ**は存続。
(2) 存続の用法を探す。**イ**は完了、**ウ**は過去。

3 (1) た ウ (2) た イ (3) たろ ア (4) た ア

P.107

確認❷
(1) ア (2) イ (3) イ (4) ア (5) ア (6) イ

確認❸
1 (1) 飛ぼう (2) 信じよう (3) 同じだろう
2 (1) う ア (2) う イ (3) よう ア (4) よう イ

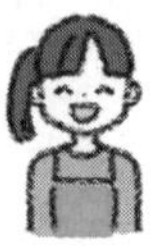

三章 単語のいろいろ ⑪助動詞 【まい】その他／まとめ

P.108

確認❶
(1) ア (2) イ (3) ア (4) イ (5) イ

確認❷
1 (1) ア (2) イ (3) イ (4) ア
2 (1) ようだっ (2) ようでし (3) ような (4) ようで (5) ように (6) ようなら

P.109

確認❸
1 (1) ア (2) イ (3) イ (4) ア
2 (1) そうで (2) そうでし (3) そうだっ (4) そうなら (5) そうに (6) そうな

P.110

確認❹
(1) ① ア ② イ (2) ① イ ② ア (3) ① イ ② ア

解説 (1) ①は動詞の連用形、②は終止形に接続。
(2) ①は形容詞の終止形、②は語幹に接続。
(3) ①は形容動詞の終止形、②は語幹に接続。

確認❺
(1) イ (2) イ

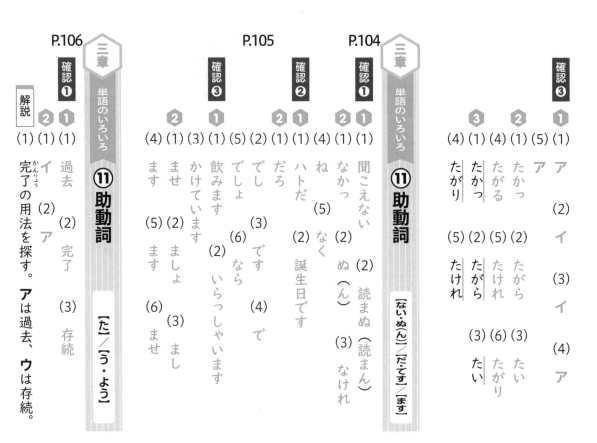

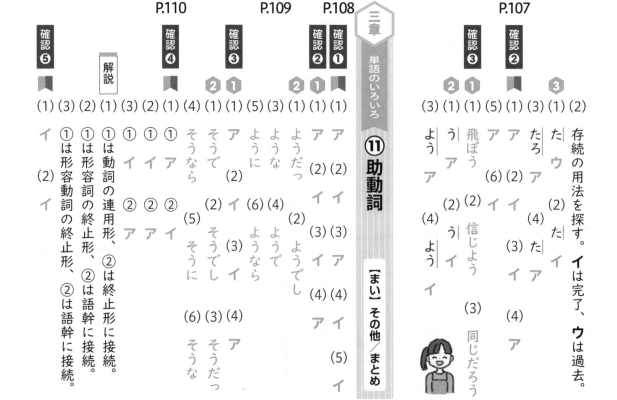

P.111

確認❻

(1) ア (2) ア (3) イ

まとめ

❶ (1) れる (2) ない (3) ます (4) たい
(5) だ

❷ (1) られ (2) させ (3) なけれ
(4) でしょ (5) だっ (6) そうな

❸ (1) ① 受け身 ② 推量
(2) 助動詞…せ　終止形…せる
(3) ア (4) ない　そうだ（順不同）

解説
(3) ⓑと**ア**はたとえの用法。**イ**は推定。

P.112

三章 単語のいろいろ

◆付属語 まとめ

確認❶

❶ (1) ア (2) ア (3) イ (4) イ

解説
(1) 活用するかしないかで見分ける。
(1)「より」は格助詞。
(2)「ばかり」は副助詞。
(3)「まい」は助動詞。
(4) 希望を表す助動詞「たい」の連用形。

❷ （上から）(1) は　から　に　て　らしい
(2) が　を　に　の　へ　だろ　う
(3) さえ　ば　は　に　たい　ようだ

解説
(2) 助動詞が二つある。「だろ」は断定の助動詞「だ」の未然形。「う」は推量の助動詞。

確認❷

(1) イ 格 (2) ア 副 (3) ア 接続
(4) イ 終 (5) ア 副

解説
(1)「〜のために」という原因・理由を示す。**ア**は場所を示す。**イ**は類推を示す。
(2) 例示を示す。
(3) 順接の関係を示す。**イ**は逆接を示す。
(4) 禁止を示す。**ア**は命令を示す。
(5) 例をあげて他を類推させる。**イ**は限定を示す。

P.113

確認❸

❶ (1) 意志 (2) 否定 (3) たとえ
(4) 希望 (5) 受け身 (6) 完了
(7) 断定 (8) 様態 (9) 使役 (10) 丁寧

解説
(2) 終止形は「ぬ（ん）」。助動詞の活用表を参照しよう。▼P.151
(4) 終止形は「たい」。
(6)「ちょうど終わった」という意味なので完了《かんりょう》。
(7) 終止形は「だ」。
(9) 終止形は「せる」。

❷ (1) ① ウ ② イ ③ ア ④ エ
(2) ⓐ イ ⓑ エ ⓒ ア ⓓ ウ
(3) (あ) イ (い) ア

解説
(3) (あ)「起きられず」は、「起きることができず」の意味なので、可能。**ア**は自発。
(い)「尋《たず》ねたが」の「が」と**ア**は逆接の接続助詞。**イ**は主語を示す格助詞の「が」。

P.114

三章 単語のいろいろ

テスト1

❶ ① ア ② イ ③ エ ④ ウ
⑤ カ ⑥ オ ⑦ サ ⑧ コ

P.115

2 ⑨キ ⑩シ ⑪ク ⑫ス
⑬セ ⑭タ

(自立語) 上等だ・服・新しい・買う（順不同）
(付属語) を・ます・た・よ（順不同）

解説 (自立語)「上等だ」＝形容動詞 「服」＝名詞
「新しい」＝形容詞 「買う」＝動詞
(付属語)「ます」と「た」が助動詞。
▼P.31 確認②・③

3 集まる↓自動詞 始める↓他動詞
鳴る↓自動詞

解説 他動詞・自動詞 ▼P.42 確認①

4 (1) ①カ ②イ ③ケ ④ア
⑤キ ⑥オ ⑦コ
(2) 寒い・なかっ（順不同） (3) ア

解説 (1) ①「ある↓夕暮れの」と、体言をふくむ文節を修飾《しゅうしょく》している。
② 「あっ」は補助動詞（形式動詞）「ある」の連用形。▼P.43 確認③ なお、直前の「で」は断定の助動詞「だ」の連用形。
(2) 「ひどい」は形容詞。終止形が「い」で終わる用言を探すとよい。▼P.54 確認①
(3) 「泳ぐ」↓「泳げる」、「話す」↓「話せる」、「走る」↓「走れる」のように、可能動詞になるのは、五段活用の動詞のみ。**ア**の「見られる」は、上一段活用の動詞「見る」に可能の意味の助動詞「られる」が付いたものなので、可能動詞ではない。▼P.42 確認②

●ら抜き言葉

五段活用の動詞以外は可能動詞になれない。したがって、「見れる」という可能動詞はない。また、「見ることができる」という意味で「見る」に可能の助動詞を付けるとすれば「られる」を付けて「見られる」となる。「見られる」を「見れる」と言うのは、文法的には誤った言い方である。

このように、本来「られる」を付けるべき動詞に「れる」を付ける言い方を「ら抜き言葉」という。「着れる」「起きれる」などであり、「着られる」「起きられる」とするのが正しい。

5 (1)

全く	何事	も	我々	に	は	判ら	ぬ
副詞	名詞	助詞	名詞	助詞	助詞	動詞	助動詞

(2) ⓐ 活用の種類…ア 活用形…ア ⓑ 活用の種類…イ 活用形…イ

解説 (1) 「全く」は「判《わか》らぬ」を修飾する副詞。「全く〜ぬ」と呼応し、否定を表している。▼P.74 確認②
(2) 活用の種類は、「ない」を付けてみて、その直前の音で見分ける。▼P.50 確認① 活用形は、どんな言葉が下に続くかで見分ける。▼P.44〜47
ⓐ 「分から—ない」と、「ない」の前がア段の音なので五段活用。「ぬ」に続いているので未然形。
ⓑ 「生き—ない」と、「ない」の前がイ段の音なので上一段活用。「て」に続いているので連用形。

P.116

三章 単語のいろいろ

テスト2

❶
(1) オ (2) ウ (3) コ (4) キ (5) ケ
(6) エ (7) イ (8) ア (9) ク (10) カ

解説
(1) 「行かない」を修飾《しゅうしょく》する副詞。
(4) 一語で一文節を作っているので、自立語。
(8) 文の成分としては独立語だが、品詞は名詞。
(10) 「大きい」は形容詞だが、「大きな」は連体詞。

❷
普通名詞…人間 文明 大都市 (順不同)
固有名詞…東京 数詞…ひとり
形式名詞…こと 代名詞…それ

解説
名詞の種類 ▼P.36～39

❸
形容詞…さわがしい 活用形…エ
形容動詞…静かに 活用形…イ

解説
形容詞か形容動詞かは終止形で見分ける。「い」で終われば形容詞。▼P.54 確認❶ 「だ・です」で終われば形容動詞。▼P.62 確認❶

P.117

❹
(1) A イ B カ C エ
(2) 名詞 (3) ウ
(4) 品詞名…形容詞 活用形…連用形
(5) ちらりと
(6) 終止形…不思議だ 品詞名…形容動詞
(7) ⓑ (8) ㋒

解説
(1) 「は」は副助詞。主語を作るので格助詞とまちがえやすい。▼P.96 確認❶
(2) 「近く」は、形容詞「近い」が名詞に変わったもの。「近い所」という意味。このように、他の品詞から転じた名詞を「転成名詞《てんせいめいし》」といい、普通《ふつう》名詞《めいし》として扱《あつか》う。
(3) 「置かぬ」と言い換《か》えることができるので、この「ない」は助動詞。ウは断定の助動詞「だ」の終止形。▼P.104 確認❶・❷
(4) 形容詞 ▼P.54 確認❶・P.57 確認❷
(5) 「見るだけで／あった」の連文節を修飾する副詞。▼P.72 確認❶
(6) 終止形が「だ」で終わるのは、形容動詞である。▼P.62 確認❶
(7) ⓑは格助詞。その他は断定の助動詞「だ」の連用形。▼P.121 確認❹
(8) ㋒は終止形。その他は連体形。動詞の終止形と連体形は語形が同じなので、あとに続く言葉で見分ける。▼P.46 確認❸

P.118

四章 重点学習

①まぎらわしい語の見分け方 【ある】／【が】

確認❶
(1) 動詞 (2) 連体詞
(3) 動詞 (4) 連体詞

確認❷
ウ

【ある】の識別問題
❶ (1) イ (2) ア (3) ウ
❷ (1) イ (2) ア

P.119

確認❸
(1) ア (2) イ (3) ア

確認④ (1)イ (2)ア (3)イ (4)ア (5)ア

【が】の識別問題
① (1)イ (2)ウ (3)ア
② (1)イ (2)ウ

P.120

四章 重点学習 ①まぎらわしい語の見分け方【だ】／【で】

確認① (1)イ (2)ア (3)イ (4)ア
確認② (1)ア (2)イ

【だ】の識別問題
① (1)ウ (2)ア (3)イ
② ア

P.121

確認③ ア
確認④ (1)ア (2)イ

【で】の識別問題
① (1)イ (2)ア (3)ウ
② (1)イ (2)ア

P.122

四章 重点学習 ①まぎらわしい語の見分け方【と】／【な】

確認① (1)ア (2)ア (3)イ
確認② ア

【と】の識別問題
① (1)ウ (2)イ (3)ア
② (1)イ (2)イ

解説 (2)は引用の格助詞。

P.123

確認③ イ
確認④ (1)ア (2)イ (3)イ (4)ア

【な】の識別問題
① (1)ウ (2)イ (3)ア
② (1)イ (2)ア

解説 (1) 形容動詞「細やかだ」の連体形の活用語尾《かつようごび》。ア「いろんな」の「な」は連体詞の一部。ウは断定の助動詞「だ」の連体形。
(2) 断定の助動詞。イは連体詞「小さな」の一部。ウは形容動詞の連体形の活用語尾。

P.124

四章 重点学習 ①まぎらわしい語の見分け方【ない】／【に】

確認① (1)形容詞 (2)助動詞 (3)助動詞 (4)形容詞
確認② ウ

【ない】の識別問題
① (1)ア (2)イ (3)ウ (4)ア
② ア

解説 「速く存在しない」と言い換《か》えると意味が通じないのでこの「ない」は補助形容詞。イ「しない」は「せぬ」に置き換えられるので、この「ない」は助動詞。ウは形容詞。

P.125

確認③ ウ

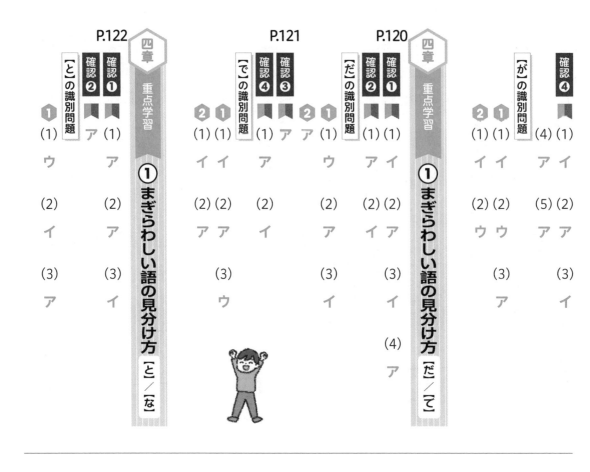

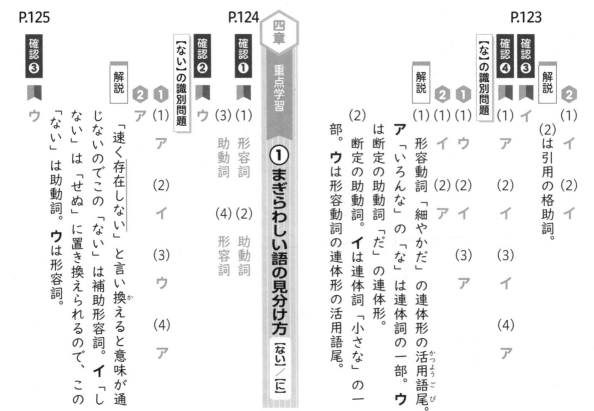

確認❹ 【に】の識別問題

(1) イ　(2) ア　(3) イ　(4) ア

❶ (1) ア　(2) イ　(3) ウ

❷ (1) ウ　(2) イ

解説

(1) (1)と**ウ**は形容動詞の活用語尾《かつようごび》。**ア**は副詞の一部。**イ**は格助詞。

(2) (2)と**イ**は副詞の一部。**ア**は格助詞。**ウ**は形容動詞の活用語尾。

P.126

四章 重点学習 ① まぎらわしい語の見分け方 【の】／【れる・られる】

確認❶ (1) 格助詞　(2) 終助詞

確認❷ 【の】の識別問題

(1) ウ　(2) イ　(3) ア　(4) イ

❶ (1) イ　(2) エ　(3) ア　(4) ウ

❷ イ

解説

「読むのが」「うるさいのが」の「の」は「こと」に言い換《か》えられるので、体言の代わり。

P.127

確認❸ 【れる・られる】の識別問題

❶ (1) エ　(2) ア　(3) イ　(4) ウ　(5) イ　(6) ウ

❷ (1) イ　(2) エ

解説

(1) (1)と**イ**は受け身。**ア**は尊敬、**ウ**は可能、**エ**は自発。

(2) (2)と**エ**は可能。**ア**は受け身、**イ**は自発、**ウ**は尊敬。

❸ (1) エ　(2) イ　(3) ア　(4) ウ

解説

(1)は可能、(2)は自発、(3)は受け身、(4)は尊敬。

P.128

四章 重点学習 ② 語句の係り受け 語句の係り受けの求め方

確認❶ 係る　受ける

確認❷ 補助

P.129

確認❸

❶ (1) 裏切った　(2) 結果を　(3) 選出します

❷ (1) 水と・空気が　(2) 向かって・いた

確認❹ (1) 深まり　(2) いなかった

確認❺ (1) 成功するだろうと　(2) 負けても　(3) 忘れない

P.130

四章 重点学習 ② 語句の係り受け まとめ

❶ (1) エ　(2) ウ　(3) ア　(4) ア　(5) ウ

解説

(1) 直後に読点があることに注意する。「バーゲンセールに」となっているので「つめかけた」に係ると考えられる。

(3) 「いろんな」は連体詞なので、体言をふくむ文節に係る。

(4) 呼応の副詞「なぜ」は「〜か」と呼応する。

❷ (1) できると　(2) 小鳥のような

P.131

(3) 走っていたのを
(4) 認識しておくべきだと
(5) 消滅しないと

解説

(2) 「まるで～のような」と呼応する。
(4) 「しっかりと」の直後に読点があるので、すぐあとの「真剣《しんけん》に考える」ではなく、「認識《にんしき》しておくべきだと」に係ると考えられる。

3

(1) A…なかったので　B…驚いた
(2) A…開けると　B…して
(3) A…面白がるので　B…報告する
(4) A…話される　B…口調で
(5) A…あったのを　B…見つけたので

解説

(2) B「して」の直後に読点があるので、その範囲内《はんいない》で係る言葉を探す。
(3) 「よく」は、「得る」ではなく「報告する」に係る。
(4) A「ときどき」は状態の副詞。主に動詞をふくむ文節を修飾《しゅうしょく》する。B「静かな」と「重々しい」はどちらも「口調で」に係っている。

4

(1) ① エ　③ エ
(2) ② しなかった　④ 見た
⑤ 向いた
(3) 一週間ぶりの

解説

(1) ①「昨日↓してしまった」と係る。
(2) ②「決して～ない」という副詞の呼応。
(3) 「一週間ぶりの↓会話を」「照れ笑いを交えた↓会話を」と係る。

五章 敬語

敬語の種類

敬語の種類と使い方

P.132

確認❶

(1) 行きます　丁寧語
(2) いらっしゃる　尊敬語
(3) 伺う　謙譲語

P.133

確認❷

1 (1) ア　(2) ア
(3) ア
2 (1) 行きました　(2) 一年生です
(3) いいですか

確認❸

1 (1) ア　(2) イ　(3) イ　(4) ア

解説

(3) 「食べます」は丁寧語《ていねいご》「ます」が使われている。相手の動作を高めた言い方は「召しあがる」。

P.134

2 (1) 話される　(2) 調べられる
(3) 起きられる
3 (1) お書きになる　(2) お付けになる
(3) ご説明になる
4 (1) 召しあがる　(2) おっしゃる
(3) いらっしゃる　(4) くださる
(5) なさる
5 田中様・お名前・どなた・お名前　（順不同）

解説

「お茶」「お米」「お金」は丁寧語（美化語）。話し手が自分の言葉遣《ことばづか》いを上品にするために使う言葉である。「お名刺《めいし》」「お名前」は、相手の事物にしか使わないので、尊敬語である。

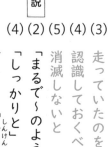

P.135

確認❹

❶ (1) ア (2) イ (3) ア (4) ア (5) イ

❷ 小社・拙宅・粗品・私ども・愚息（順不同）

解説
「ご研究」「井上殿《いのうえどの》」「御社《おんしゃ》」は、相手のことを高める言い方なので尊敬語。「お花」「お茶」は丁寧語（美化語）。

❸ (1) お書きする (2) お渡しする (3) ご連絡する (4) ご心配する

❹ (1) さしあげる (2) 申しあげる (3) いただく (4) 伺う (5) お目にかかる

❺ ① 申し ② いただき ③ 伺い

五章 敬語

敬語の種類

尊敬語と謙譲語の使い分け

P.136

確認❶

❶ (1) イ (2) イ (3) ア (4) ア (5) イ

❷ (1) いらっしゃる (2) 拝見し (3) おる (4) くださる (5) おっしゃる (6) なさる

P.137

確認❷

❶ (1) ア (2) イ (3) イ (4) ア

❷ (1) イ (2) ア (3) ア (4) ア

❸ (1) お書きになって
(2) 例 お話しします（お話しいたします）
(3) 例 お待ちしています
(4) 例 お読みになった
(5) 例 ご案内します（ご案内いたします）

解説
(1)・(4)は「お書きなさって」「お読みなさった」としても間違《まちが》いではないが、「お（ご）……になる」と言うのが普通《ふつう》である。

五章 敬語

敬語の種類

いろいろな敬語／間違えやすい敬語

P.138

確認❶

(1) ア (2) ア (3) イ (4) イ (5) イ (6) ア

解説
(1)・(2)・(6)は、相手の事柄《ことがら》に付いている「お」や「ご」なので、尊敬語。「ご飯」や「お寿司《すし》」、「お風呂《ふろ》」は、相手への敬意ではなく、自分の言葉を美しくするものなので美化語。

P.139

確認❷

(1) ア (2) イ (3) ア

確認❸

❶ (1) ア (2) イ (3) エ (4) ウ

解説
(1) 先生の動作なので、「見る」の尊敬語「ご覧になる」を使うのが正しい。
(2) 相手の動作なので、「ご記入になっ（て）」とする。
(3) 「お話しになる」の尊敬表現に、尊敬の助動詞「れる」と尊敬語「いらっしゃる」があり、敬語の重ねすぎである。
(4) 「お兄さん」を「兄」とする。

❷ (1) 父 (2) 例 お伝えになって（お伝え）
(3) いらっしゃった
(4) 申して
(5) 例 ご持参になっている（ご持参なさっている）

(6) 例 ご訪問になり（ご訪問なさい）
(7) 病気

解説
(3) 「伺《うかが》う」は「行く・来る」の謙譲語《けんじょうご》。「先生も」が主語になるので尊敬語を使う。
(4) 「弊社《へいしゃ》」は、自分の会社をへりくだって言う謙譲語。尊敬語「おっしゃって」ではなく、謙譲語「申して」を使うのが適切。
(5) 敬語が二重、三重に重ねられている。尊敬表現「ご……になる」＋「……れる」＋「いらっしゃる」と、敬語が重ねられている。
(6) 「お（ご）……する」は謙譲語。「国王」が動作の主体なので、尊敬語「お（ご）……になる」を使う。
(7) 身内に尊敬語を使うのは間違《まちが》い。「ご病気」の「ご」は尊敬語なので、取って「病気」とする。

五章 敬語 テスト

1 (1) 尊敬語 (2) 謙譲語 (3) 丁寧語

解説 (1)は相手の動作なので尊敬語、(2)は自分の動作なので謙譲語《けんじょうご》、(3)は言葉遣《ことばづか》いを丁寧《ていねい》にする丁寧語。

2 (1) イ (2) ウ (3) イ (4) ア (5) ウ (6) ア

3 (1) おっしゃい (2) 参る (3) ご報告する (4) さしあげ (5) いらっしゃる

4 (1) 出かけて (2) 伺う

(3) いただき (4) 拝見いたし

5 (1) 拝啓 (2) 謙譲語 (3) になる（なさる）
(4) いただき (5) 決まりましたら
(6) 聞く（尋ねる）
(7) お元気→元気
申され→例 おっしゃい（言われ）
（「お元気」「申され」は順不同）

解説
(1) 「拝啓《はいけい》」は、手紙文の初めに書いて、相手への敬意を表す言葉。「つつしんで申しあげます」という意味の謙譲語。「敬具」で結ぶ。

六章 総合 総合テスト 1

1 文節…五 単語…八

解説 文節…「ヨーロッパの／伝統的な／料理の／手法を／学ぶ。」単語…「ヨーロッパ／の／伝統的な／料理／の／手法／を／学ぶ。」「伝統的な」は一文節一単語。▼P.6～9

2 (1) 動詞 (2) ① イ ② エ

解説
(1) 終止形は「覚える」。▼P.40 確認❶
(2) ① 修飾《しゅうしょく》・被修飾《ひしゅうしょく》の関係 ▼P.14 確認❶
② 補助の関係 ▼P.22 確認❶

3 エ

解説 エは名詞「脇道《わきみち》」に格助詞「に」が付いたもの。他は形容動詞。「～な」という形に活用させてみて意味が通じれば形容動詞。▼P.125 確認❸

❹ (1) エ
(2) 活用形…連体形　可能動詞…つくれる

解説 (1) 活用の種類の見分け方 ▼P.50 確認❶
(2)「の」に続いているので連体形。▼P.46 確認❸
可能動詞 ▼P.42 確認❷

❺ (1) イ (2) ① ようだ ② ウ

解説 (1) イは主語を示す。他は連体修飾語を示す。▼P.91 確認❷
(2) ①「ように」は、助動詞「ようだ」の連用形。
② 「まるで生き物みたいに…」というたとえの意味。▼P.108 確認❷

❻ (1) ① ア ② ア (2) ⓐ 格 ⓑ 接続

解説 (1) ① 動詞に付いているので助動詞。「ぬ」に置き換《か》えて意味が通じれば助動詞の「ない」。▼P.124 確認❶・❷
② 格助詞で場所を示す用法。イは接続助詞。ウは断定の助動詞。エも格助詞だが、原因・理由を示す用法。格助詞 ▼P.92 確認❹
見分け方 ▼P.121 確認❹
(2) 格助詞と接続助詞の見分け方 ▼P.95 確認❹

六章 総合

総合テスト 2

❶ (1) 七 (2) 八

解説 (1) 文節…「問題に／対して、／柔軟《じゅうなん》な／発想で／対処して／いかなくては／ならない。」
(2) 付属語…「問題に／対して、／柔軟な／発想で／対処して／いかなくては／ならない。」▼P.6〜9

❷ (1) ウ (2) テレビや電話を

解説 (1)・(2) 並立《へいりつ》の関係 ▼P.20 確認❶

❸ イ

解説 「驚《おどろ》き」は、動詞「驚く」が名詞に変わった転成《てんせい》名詞《めいし》。アは助動詞、ウは動詞、エは副詞。

❹ (1) 連体修飾語 (2) 記号…ア 品詞名…連体詞 (3) 形容動詞

解説 (1) すべて体言（名詞）をふくむ文節を修飾《しゅうしょく》している。▼P.15 確認❷
(2)・(3) まぎらわしい語の見分け方 ▼P.123 確認❹

❺ (1) ウ (2) ア (3) イ (4) イ

解説 (1) 引用の格助詞を探す。アは並立、イは共同を示す。▼P.92 確認❹
(2) 比較《ひかく》の基準を示すものを探す。イは限定、ウ・エは起点を示す。▼P.92 確認❹
(3) 受け身の助動詞を探す。アは自発、ウは尊敬の助動詞。エは可能動詞「走れる」の活用語尾《かつようごび》。れる・られる ▼P.127 確認❸
可能動詞 ▼P.42 確認❷
(4) 過去の助動詞を探す。ア・ウ・エは断定の助動詞。▼P.120 確認❷

❻ (1) ア (2) ① 破った ② 副詞 ③ 主語

解説 (1) 「気さえする」の「さえ」は添加《てんか》を示す。アは

限定を示す。▼P.96 確認❶
(2) ① 説明の文に、「とうとう」は「連用修飾語《れんようしゅうしょくご》」とあるので、「とうとう」が修飾する用言をふくむ文節を探す。▼P.15 確認❷・P.128 確認❶
② 活用のない自立語で、それだけで連用修飾語になることができるのは副詞。▼P.70 確認❶
③ 「ボクは」は、述語「破った」に対する主語の働きをしている。▼P.12 確認❶

六章 総合

総合テスト 3

❶ (1) 私・毎朝・公園・走っ・い (2) エ
(3) 品詞…形容(詞) 活用形…連体(形)
(4) エ

解説

(1) 自立語は、文節の初めにあり、それだけで文節を作れる。▼P.30 確認❶
(2) 「みたい」は上の語に補助的な意味を付け加えている。▼P.22 確認❶
(3) 「温かい」は自立語で活用があり、終止形が「〜い」で終わるので、形容詞。▼P.54 確認❶ また、「気持ち」という体言を修飾《しゅうしょく》しているので、連体形。▼P.57 確認❷
(4) 「受ける」に「ない」を付けると、「受け―ない」と、直前の音がエ段となるので、下一段活用。▼P.50 確認❶ また、「ます」に続くので、連用形。▼P.48 確認❶

---

❷ (1) イ (2) Ⅰ エ Ⅱ キ
(3) エ

解説

(1) 「た」と「ように」は付属語(助動詞)なので、「あきれたように」で一文節。▼P.100 確認❶
(2) Ⅰ 「に」は活用のない付属語。▼P.90 確認❶
Ⅱ **カ**は接続助詞「のに」の一部。**ク**は助動詞「そうだ」の連用形「そうに」の一部。**ケ**は形容動詞「さわやかだ」の連用形「さわやかに」の活用語尾《かつようごび》。問題文と**キ**の「に」は場所を表す格助詞。▼P.125 確認❸❹
(3) 問題文の「諦《あきら》めよう」の「よう」は、意志を表す助動詞。▼P.107 確認❷

❸ (1) 例 なさっている(されている)
(2) 例 主語が「先生」のときには、尊敬語を使うのが正しいのに、謙譲語が使われているから。

解説

(1) 「して」の部分を尊敬語に直す。▼P.136 確認❶
(2) 相手の動作については尊敬語を使うことを説明する。▼P.132 確認❶

❹ (1) 三(つ) (2) 読まれて (3) ウ

解説

(1) 「れ」は尊敬、「まし」は丁寧《ていねい》、「た」は過去を表す助動詞。▼P.102 確認❶・P.105 確認❸ ▼P.106 確認❶
(3) **ア**・**イ**・**エ**は、補助の関係。▼P.22 確認❶ **ウ**の「いる」は動詞で、「学校に」が「いる」を修飾しているので、修飾・被修飾《ひしゅうしょく》の関係。▼P.14 確認❶